GWLAD
O·GAWS
A·LLAETH

Thelma Adams

gyda Branwen Davies

Gomer

Cyflwynedig i Betty

Cyhoeddwyd yn 2012 gan
Wasg Gomer, Llandysul, Ceredigion SA44 4JL
www.gomer.co.uk

ISBN 978 1 84851 538 3

Dymuna'r cyhoeddwyr gydnabod cymorth
Cyngor Llyfrau Cymru.

Argraffwyd a rhwymwyd yng Nghymru gan
Wasg Gomer, Llandysul, Ceredigion.

Cynnwys

Cyflwyniad

Noswaith Gwobrwyon Caws Prydain oedd hi – y British Cheese Awards – Medi 2010. Dyma 'BAFTAs' y calendr i'r rheiny ohonon ni sy'n gynhyrchwyr caws yn y gwledydd yma. Am y drydedd flwyddyn o'r bron, roedd y gwobrau'n cael eu cynnal yn Neuadd y Ddinas yng Nghaerdydd ac roedd Carwyn, y mab, wedi bod yn y brifddinas am dridiau ar stondin yn safle ysblennydd y Castell yn gwerthu caws. Uchafbwynt y digwyddiad oedd y noson ola, gyda chinio mawreddog a'r gwobrwyo. Roedd Carwyn wedi'n ffonio ni ddwywaith yn barod y noson honno, y tro cynta i ddweud bod y caws newydd, 'Golden Cenarth', wedi ennill gwobr y Caws Cymreig Gorau, yr ail dro i ddweud bod y 'Golden' hefyd wedi ennill yr adran ar gyfer y caws rhannol feddal – *semi-soft*. Ro'n i a'r gŵr, Gwynfor, yn paratoi i fynd i'r gwely tua 11 o'r gloch pan ganodd y ffôn unwaith eto. Carwyn oedd yna eto – y tro yma wedi'i gyffroi'n llwyr. Roedd caws 'Golden Cenarth' wedi maeddu dros naw cant o gawsiau eraill i ennill gwobr Prif Bencampwr 2010.

Roedd hi wedi cymryd pedair mlynedd ar hugain i gwmni Caws Cenarth ennill yr anrhydedd hon – y wobr fwyaf disglair i wneuthurwyr caws ym Mhrydain. Roeddwn i'n falch hefyd mai Carwyn oedd wedi'i hennill hi gyda chaws roedd e wedi'i ddatblygu. Roedd yn dangos yn glir ei fod e'n datblygu'r busnes a mathau newydd o gaws – yn gwneud enw iddo fe'i hunan – yn hytrach na chymryd y llwybr rhwydd a pharhau dim ond gyda'r mathau roeddwn i eisoes wedi eu sefydlu.

Es i i'r gwely'r nosweth honno'n fenyw hapus iawn, gan ddychmygu'r dathliadau yn Neuadd y Ddinas, yn ogystal â'r diddordeb a'r cyhoeddusrwydd fyddai'n dilyn o fod wedi ennill y fath wobr. Ond ddechreuais i hefyd feddwl 'nôl am y daith oedd wedi arwain at y foment hon, yr un y bues i a gweddill y teulu arni dros y blynyddoedd cynt. Roedd y daith honno wedi dechrau mewn amgylchiadau digon gwerinol a gwledig, ond wedi'n harwain ni at wobrau disglair – a hyd yn oed wedi'n gweld ni'n cael ein croesawu yn rhai o gyfeiriadau enwocaf y byd ar hyd y ffordd. A'r cyfan achos 'mod i wedi dechrau gwerthu tamed o gaws ymhell 'nôl yn 1987 . . .

Dyddiau Cynnar

Ces i fy ngeni ar 10 Tachwedd
1938 – noson Ffair Aberteifi, noson
fawr i'n teulu ni bob blwyddyn,
ond yn arbennig y flwyddyn honno
pan ges i 'ngeni. Rwy'n rhannu'r
dyddiad pen-blwydd gyda fy nhad-
cu ar ochr mam, Johnny Newman.

Fi'n fabi

Ar y pryd roedd fy mrawd, John Berrington, yn bum
mlwydd oed, a fy chwaer, Betty Ann, yn dair. Roedd fy
rhieni'n berchen ar y Pantyblaidd Inn, tŷ tafarn gwledig ar
hewl gefn dawel ryw ddwy filltir o Lanfyrnach, gogledd Sir
Benfro, a rhyw hanner milltir o'r ffin rhwng Sir Benfro a Sir
Gâr.

Cafodd fy nhad, Oliver Jones, ei eni ar 7 Medi 1901 ym
Mwlchygroes yn agos i Boncath, cyn symud gyda'i rieni,
John ac Elizabeth, i Fwlchclawdd Bach, Crymych, i fyw.
Daeth brawd bach, Dai John, a chwaer, Nellie, i gwblhau'r
teulu.

Ffermwr oedd Tad-cu, John Jones, yn gwneud ei
fywoliaeth trwy gadw gwartheg godro a magu lloi. Ond
roedd e hefyd yn rhedeg busnes 'General Merchant' a stordy
yn agos i hen orsaf drenau Crymych. Roedd gan Tad-cu
dri diddordeb mawr mewn bywyd: bridio ac arddangos

ceiliogod 'Brown Leghorn'; Sioe Amaethyddol Crymych
– bu'n trefnu a gweithio'n galed i sicrhau llwyddiant y sioe
am flynyddoedd – a chyfansoddi. Cyfansoddi oedd y prif
ddiddordeb, ac enillodd e lu o wobrwyon am gyfansoddi
tonau emynau. Astudiodd gerddoriaeth yng ngholeg Tonic
Sol-ffa Llundain, a gadael gyda gradd a'r teitl 'Fellow of the
Tonic Sol-fa College'. Uchafbwynt ei lwyddiant oedd ennill
y wobr gyntaf yn yr Eisteddfod Genedlaethol, tua 1951,
am gyfansoddi rhan-gân i blant, 'Emyn Plentyn'. Cafodd
fy nhad-cu docyn i fynd i'r Eisteddfod, ond oherwydd
anabledd ni allai fod yno.

Roedd Mam-gu, Elizabeth Jones, yn wraig wledig i'r
carn, yn gweitho'n galed ac yn adnabyddus am ei gallu i
redeg cartref ac am ei sgiliau coginio. Roedd yn bwydo'i
theulu â menyn a chaws wedi eu gwneud o'r cynnyrch oedd

Mam – Mary Annie – a'i brawd Victor

Berry, fy mrawd a Betty, fy chwaer

dros ben o'r siop. Mae fy nghyfnither, Ann, a'i meibion, Carwyn ac Aled, yn dal i fyw yng nghartref Mam-gu a Tad-cu, Bwlchclawdd Bach, er bod yr hen ffermdy syml wedi cael ei adnewyddu'n gartref modern bendigedig erbyn heddi.

Cafodd fy mam, Mary Annie, ei geni ar 8 Mehefin 1911, yn ferch i Johnny a Lizzie Newman, Postgwyn, Cilrhedyn. Yn hwyrach, symudodd y teulu i Glandŵr yn Dinas, Trelech a chafwyd mab arall hefyd, Victor, yn 1915. Roedd y teulu'n dlawd, ac er i Mam ennill ysgoloriaeth i fynd i'r ysgol ramadeg – daeth hi'n ail drwy Sir Gaerfyrddin gyfan yn yr arholiad – ffaelodd hi gymryd ei lle achos doedd gan y teulu mo'r arian i dalu am ei thrafnidiaeth nac am ei gwisg ysgol. Roedd ei phrifathro yn yr ysgol gynradd wedi cael y swm o £40 i gydnabod ei chanlyniadau da, ond fe ddewisodd e beidio â defnyddio'r arian i helpu'r teulu gyda'r costau.

Roedd tad mam, Johnny, yn gweitho fel glöwr yn nglofaoedd y Tymbl. Byddai'n lletya yno o nos Lun tan nos Sadwrn, ac yna'n dod gartre am rai oriau ar y Sul, cyn dychwelyd i'r Tymbl ar gyfer gwaith fore Llun. Roedd yn rhaid iddo gerdded sawl milltir i gwrdd â'r cludiant fyddai'n mynd ag e'n ôl o Drelech i'r Tymbl. Effeithiodd yr oriau gwaith hir a'r amodau gwael ar ei iechyd yn ofnadwy, a gorfod iddo roi'r gorau i weithio dan ddaear a chymryd yr unig waith arall oedd ar gael iddo, sef gweithio ar yr hewl. Ond yn y pen draw fe ddatblygodd glefyd y llwch, a buodd farw'n ddim ond 57 mlwydd oed.

Ar ôl gadael ysgol, aeth Mam yn brentis fel gwniyddes yng Nghrymych, ryw saith milltir o Dinas. Byddai hi hefyd yn lletya yn ystod yr wythnos a dychwelyd i dreulio'r penwythnosau gartre gyda'r teulu, cyn cerdded 'nôl i Grymych yn gynnar ar fore Llun. Dysgodd Mam sut i wneud y dillad mwyaf hardd, gyda ffrils a phletiau a brodwaith, fel oedd y ffasiwn yr adeg honno. Roedd llawer o'r dillad roedd hi'n eu gwneud ar gyfer y boneddigion ym Mhlas Cilwendeg, yn agos i Boncath. Byddai hyd yn oed crysau'r dynion wedi eu gwneud â llaw, ac yn cael eu gwerthu am grôt (pedair ceiniog mewn hen arian).

Yn ystod prentisiaeth Mam, cwrddodd hi â Nhad a dyweddïo. Doedd teulu Nhad ddim yn hapus am fod teulu Mam mor dlawd. Ond ar 20 Awst (yr un dyddiad â phriodas fy mam-gu a nhad-cu, rhieni Mam), fe briodon nhw ar y slei yn Swyddfa Gofrestru Caerfyrddin. Doedd dim gwesteion, a dau ddieithryn llwyr oedd yn digwydd cerdded heibio i'r

Betty a Berry yn nyddiau Pantyblaidd

swyddfa gofrestru oedd y tystion. Aeth Nhad ddim 'nôl i
weld ei rieni am sawl blwyddyn ar ôl hynny. Ond un dydd fe
aeth e â'i ferch fach Betty, oedd yn dair blwydd oed, i gwrdd
â'i mam-gu a'i thad-cu. O fewn munudau, we'n nhw wedi
dwlu ar eu hwyres fach bert ac roedd y rhwyg deuluol wedi
ei chyweirio. Erbyn hyn, roedd Mam wedi hen brofi ei bod
yn wraig barod, yn weithwraig galed, ddyfeisgar, ac yn gefen
i Nhad.

Doedd Mam na Nhad ddim wedi meddwl rhedeg tŷ
tafarn, ond ddim sbel ar ôl iddyn nhw briodi gawson nhw
gynnig rhentu tafarn Pantyblaidd gan ffrind. Fe dderbynion
nhw'r cynnig gan fod y rhent yn rhesymol ac roedd e'n do
dros eu pennau tra'u bod nhw'n chwilio am rywle mwy
addas. Ond yn y diwedd fuon nhw ym Mhantyblaidd am
bedair mlynedd ar hugain, a phrynu'r lle yn y pen draw.
Ym Mhantyblaidd gawsom ni'r tri phlentyn ein geni a'n
magu. Adeiladwyd y dafarn yn 1901, a'r Wolfcastle Inn
oedd ei henw gwreiddiol. Y chwedl yw fod y blaidd olaf
yng Nghymru wedi cael ei ladd rhyw chwarter milltir o
Bantyblaidd yn ystod teyrnasiad Harri VIII, ond wn i ddim
am hynny.

Plentyn y Rhyfel o'n i ac rwy'n cofio gwylio'r awyr yn
cael ei oleuo gan y bomio yn Abertawe, dros ddeugain milltir
i ffwrdd. Fel rhagofal yn ystod y Rhyfel, gawson ni i gyd
fwgwd nwy a ches i un glas, rwber, lliwgar, a thafod coch,
tra ro'dd rhai Berry a Betty'n rhai salw llwyd. Ond lwcus na
fuodd byth raid i fi fi 'i ddefnyddio fe achos we'dd e'n llawer
rhy fach i fi. Bydden ni'n dwlu tasen i wedi cadw'r mwgwd –
fe fydde fe wedi diddanu'r wyrion, Lucas ac Alisa, am oriau.

Ges i blentyndod hapus er gwaetha'r rhyfel. O'n cymharu
â phlant heddi, chawson ni fawr ddim moethau, ond
wnaethon ni fyth deimlo'n amddifad na'n dlawd, ac efallai'n
bod ni'n gwerthfawrogi'r danteithion pan oedden nhw'n
dod lawer yn fwy na ma' plant heddi. Ro'n ni'n well ein
byd ac yn fwy lwcus na llawer o'n cymdogion. Roedd un
teulu gerllaw yn byw mewn dwy stafell fach ac atig isel, ac
yn cysgu chwech mewn gwely – er, falle y buodd y dechrau
tlawd yma'n ysgogiad iddyn nhw, achos mae'r plant i gyd
wedi mynd ymlaen i wneud yn dda.

Ar y cyfan, roedd ein diet adeg y Rhyfel yn syml ond
yn ddigonol, a we'dd digon i'w fwyta wastad. Roedd gan
Bantyblaidd naw erw o dir a we'n ni'n cadw dwy fuwch ac
ieir. Byddai llaeth, menyn a chaws bob amser, diolch i'r ddwy
fuwch, Seren, y fuwch fyrgorn goch, a Blackie, y Friesian
ddu a gwyn. Hefyd, we'dd digon o lysiau o'r ardd, rhai
organig, wrth gwrs, ymhell cyn i'r term ddod yn ffasiynol,
wedi eu tyfu gyda help dom yn unig. Roedd y ffowls yn
sicrhau bod 'na wastad gyflenwad o wyau a ffowlyn.

Roedd ganddon ni gymdogion da hefyd, ac unwaith y
flwyddyn bydden ni'n cael ffrei o un o'u moch. Mi fyddai
hyn yn anrhydedd mawr, achos y ffrei yw'r darn gorau, a dim
ond ychydig ohono sydd. Y cig mwy cyffredin oedd corn
bîff – we'dd e'n llwyd ac yn seimllyd a we'n i'n ei gasáu e.
Alla i ddweud yn gwbl onest i fi beidio â chyffwrdd â'r stwff
'to tan fis Tachwedd 2011, pan weles i fod math o gorn bîff o
Ogledd Iwerddon wedi ennill y brif wobr yn y 'Great Taste
Awards', gan faeddu rhyw 7500 o fwydydd eraill. O gofio'r
hyn we'n i wedi gorfod ei fwyta'n blentyn, we'n i'n ffaelu

credu'r peth, felly hales i bant am ychydig ohono. Er mawr syndod i fi, we'n i'n dwlu arno. Rwy'n amau bod y fersiwn gyfoes yn go wahanol i'r hyn oedd ar gael 'slawer dydd.

Y bwyd cyffredin arall oedd ffagots, oedd fel arfer yn cael eu bwyta gyda phys slwtsh. Byddai'r ffagots yn cael eu gwneud o'r darnau o gig fyddai'n cael eu taflu fel arall, fel pen ac afu'r mochyn. Mae hen ddywediad na fyddai bwtsiwr yn bwyta ffagots wedi'u gwneud gan gigydd arall am nad yw e'n gwybod beth sy ynddyn nhw. A wnaiff e ddim bwyta'i ffagots ei hunan achos mae e'n gwybod yn iawn beth sy ynddyn nhw!

Rwy'n credu 'mod i'n eitha llond llaw pan o'n i'n tyfu lan, ond roedd gan y teulu un ffordd rwydd o gadw rheolaeth arnaf – chwifio winwynsyn o flaen fy nhrwyn. Ers y cychwyn cynta rwy wedi casáu blas ac arogl unrhyw fath o winwns. Byddai Shoni Winwns yn galw'n flynyddol a byddai Mam wastad yn prynu cortyn neu ddau i bara trwy'r gaea i ni. Mae'r atgasedd yn parhau hyd heddi, ac mae bwyta mas yn gallu bod yn anodd – rwy wedi dysgu erbyn hyn i alw'r atgasedd yn 'alergedd', achos mae cogyddion yn dueddol o fy anwybyddu i heblaw 'ny. A'r bwyd arall rwy'n ei gasáu – ei flas a'i arogl – yw garlleg.

Roedd Mam yn un dda am wneud y gorau posib o'r hyn oedd gyda ni. Byddai'n pobi bara a wastad yn gwneud yn siŵr bod 'na ddigon o fflwr yn y tŷ. Roedd hyn yn ddefnyddiol yn ystod gaea caled 1947, pan gafodd yr ardal gyfan ei thorri i ffwrdd gan yr eira. A bwyd yn mynd yn brin, penderfynodd grŵp o bobl leol gerdded drwy'r eira trwchus a'r lluwchfeydd i'r siop fara yn Hebron, ryw saith milltir i ffwrdd, er mwyn ôl y pethau angenrheidiol i bawb. Yn hytrach nag ychwanegu at faich y cerddwyr a gofyn iddyn nhw gario torthau'n ôl i ni, gofynnodd Mam am ychydig o furum yn unig – ac ymhen dim, roedd hi wedi troi'r fflwr a'r burum yn fara.

Un o'r hen fwydydd cyffredin arall wrth gwrs oedd bara te, rhywbeth mae fy nghenhedlaeth i'n 'i gofio achos we'dd e'n aml yn cael ei fwyta pan na fyddai dim byd arall mwy blasus ar gael. Mae meddwl am bryd o fwyd wedi'i wneud o fara wedi'i fwydo mewn te twym gyda siwgr a llaeth yn swno'n go druenus nawr, ond we'dd e'n syndod o neis!

Roedd cawl ar y ford yn aml hefyd, gyda phlated o dato a'r cig oedd wedi cael ei ddefnyddio i wneud y cawl i ddilyn, fel oedd yr hen draddodiad. Byddai Mam hefyd yn gwneud pastai cwningen blasus.

Ro'n i gan amla'n cerdded gartre o'r ysgol a rwy'n siŵr fod tywydd yr haf yn well y dyddie hynny. Bydden ni'n casglu'r llus oedd yn doreithiog ar ochr yr hewl a fydde Mam yn gwneud tarten flasus – os na we'n ni wedi'u bwyta nhw yn y fan a'r lle wrth gasglu, gan fynd gartre a'n gwefusau a'n cegau ni'n biws-ddu! Roedd mam yn arddwraig fedrus hefyd ac yn cadw amrywiaeth o lwyni ffrwythau, gan gynnwys cyrens cochion, sy'n brin y dyddie 'ma, a chyrens gwynion, sy'n fwy prin fyth. Roedd gan y ddau fath flas mwy dwys na'r cyrens duon mwy cyffredin.

Doedd 'na ddim bwydydd moethus, egsotig ac ro'n ni'r plant wrth ein bodd pan fyddai Nhad yn dod â rhywbeth anghyffredin adref – fel bananas – gan edrych mewn syndod, achos doedden ni erioed wedi gweld y fath beth o'r blaen.

Hufen iâ oedd un o ffefrynnau Nhad ond, wrth gwrs, yn ystod blynyddoedd y Rhyfel roedd hwnnw'n brin. Un diwrnod fe lwyddodd i ddod o hyd i damed ac fe ddaeth ag e gartre i ni mewn fflasg thermos. Tyrrodd pawb rownd iddo'n awyddus i'w flasu e – ond llithrodd y fflasg o ddwylo Nhad, gan adael yr hufen iâ drudfawr wedi ei wasgaru ar hyd y llawr.

Byddai Mam yn gwneud hufen iâ cartref weithiau hefyd. Byddai'n rhoi'r gymysgedd mewn bowlen a rhoi iâ a halen o gwmpas y fowlen, gan droi'r gymysgedd yn rheolaidd. Byddai iâ ar gael dim ond yn ystod misoedd oeraf y flwyddyn, wrth gwrs, felly doedd bwyta'r hufen iâ cartref yng nghanol y gaeaf ddim cweit mor bleserus â bwyta'r un o'r siop yn ystod yr haf, er gwaetha ymdrechion gorau Mam.

Roedd Mam yn greadigol mewn ffyrdd eraill hefyd, y tu hwnt i'r gegin. Byddai'n mynd i sêls ffermydd ac ocsiynau lleol i brynu dodrefn – fel cist ddillad hen a phlaen am ryw ddeg swllt (50 ceiniog yn arian heddiw). Gydag ychydig o bapur wal patrymog a chot o farnais, roedd y gist yn cael ei gweddnewid. Roedd ei sgiliau gwneud dillad yn amhrisiadwy i'r teulu hefyd. Fy hoff ffrog i'n blentyn oedd ffrog a wnaeth Mam i fi ar gyfer Steddfod Crymych pan ganes i yn y dosbarth i blant dan saith oed. Roedd y ffrog wedi'i gwneud o ddefnydd pinc tenau ac yn ffrils i gyd. Er mawr syndod i bawb, enilles i'r dosbarth. Dyna'r perfformiad unigol cyntaf ac olaf i mi fyth ar lwyfan a rwy'n siŵr taw'r ffrog binc bert gariodd y dydd yn hytrach nag unrhyw dalent cerddorol.

Roedd gan Mam ddiddordeb mawr yn y Sgrythurau a byddai'n paratoi'n ofalus at y Gymanfa Bwnc flynyddol, lle byddai'n ymroi'n frwdfrydig i'r dadlau. Ro'n ni'n mynd i'r ysgol Sul yng nghapel bychan Bethel, cangen o Gapel y Graig, Trelech, oedd lawr yr hewl o Bantyblaidd – mae e wedi cau erbyn heddi ac wedi ei droi'n gartref. Roeddwn i'n edrych ymlaen at y Gymanfa'n fawr iawn bob blwyddyn, yn benna gan ein bod ni fel arfer yn cael trip i Abertawe i brynu dillad newydd smart at yr achlysur.

Byddai Mam hefyd yn gwneud dillad i'n doliau ni, hyd yn oed hetiau bach pert – heb os, ein doliau ni oedd y rhai mwya smart yn yr ardal. Doliau oedd fy nghariad mwyaf i'n blentyn. Bydden ni'n mynd fel teulu i Abertawe'n weddol reolaidd a bydden i'n ymbil ar fy rhieni am gael mynd i un o'r siopau mawr lle we'dd ganddyn nhw gasgliad enfawr o ddoliau hardd wedi eu harddangos mewn cabinet gwydr. Byddwn i'n gwasgu 'nhrwyn yn erbyn y gwydr a syllu, wedi dwlu'n lân ac yn hiraethu am gael mynd ag un gartre. Un dydd fe wireddwyd y freuddwyd pan ddaeth Nhad a Mam 'nôl o sioe gŵn yn Llundain gyda dol fawr. Roedd hi ryw dair troedfedd o daldra a we'n i erioed wedi gweld dim byd tebyg iddi yn fy myw. Daeth fy ffrindie i gyd draw i chwarae, a rwy'n cofio fydden ni i gyd yn rhoi mwythe i'w hwyneb hi – cymaint nes 'mod i'n synnu bod ei hamrannau hi heb ddod i ffwrdd.

Er bod Mam yn greadigol yn y cartref, rwy'n credu ei bod hi'n deg dweud bod Nhad yn *entrepreneur* ymhell cyn i'r term hwnnw ddod yn gyffredin. Roedd e wastad yn rhoi cynnig ar rywbeth newydd a meddwl am ffyrdd gwahanol o wneud arian a denu cwsmeriaid i'r dafarn.

O'r cychwyn cyntaf, i ychwanegu at y cyflog bychan

we'dd e'n ei gael gan ei rieni am helpu ar y fferm, gafodd e'r syniad o sefydlu siop tsips fel rhan o stordy ei rieni, we'dd yn boblogaidd iawn gyda'r cwsmeriaid. Cyrhaeddodd y penawdau yn y papurau newydd yn gynnar hefyd. Mae erthygl o gylchgrawn y *Town and Country News* yn 1924 yn adrodd stori am iâr frown 'leghorn' oedd yn perthyn iddo, yn mabwysiadu wyth ci defaid bach, gan yrru'r fam i ffwrdd o'i chŵn bach! Dim ond gwylio allai'r fam druan tra oedd yr iâr yn gofalu am ei chŵn bach – roedd hi'n gorfod rhuthro i'w bwydo nhw ar yr adegau prin pan oedd yr iâr yn troi 'i chefn. Yr unig bryd fyddai'r ast yn gallu'u bwydo nhw am gyfnod oedd pan fyddai'r iâr yn cysgu ar ei chlwyd. Fyddwn i ddim yn credu'r stori hon onibai 'mod i wedi gweld yr erthygl yn y papur newydd.

Y stori enwog yn y papur newydd

Ond gyda math gwahanol o gŵn ddaeth Nhad yn adnabyddus. Fe ddechreuodd fridio a dangos corhelgwn a chorgis Sir Benfro. Daeth yn un o arweinwyr y Corgi Penfro ac roedd yn un o sylfaenwyr y Clwb Corgi Cymreig (bues i'n Ysgrifennydd ar y Clwb yn hwyrach). Roedd e'n defnyddio'r enw blaen 'Crymych', ond yn anffodus fe ddechreuodd rhywun arall ddefnyddio'r enw hefyd. Yn hytrach na chreu ffws, newidiodd Nhad enw blaen ei gŵn i 'Pantyblaidd', ond fe wnaeth e'n siŵr y tro hwn ei fod yn cofrestru'r enw gyda'r 'Kennel Club' fel na allai neb arall ei ddefnyddio.

Mae'n anodd credu mai dim ond deg Corgi Cymreig oedd wedi'u cofrestru gyda'r 'Kennel Club' 'nôl yn 1925. Roedd y cŵn bach 'ma'n cael eu galw'n amrywiaeth o enwau, fel sodlwr (*heeler*), wedi cael eu bridio yn y cornel yma o dde-orllewin Cymru ers canrifoedd, er mwyn casglu gwartheg yn bennaf. Ond roedd Corgis y 1920au'n wahanol iawn mewn teip, lliw a maint i rai heddiw. Roedd gan rai gynffonnau hir, llawn, ac eraill gynffonnau byr, *bobbed*. Roedd un Corgi'n gallu edrych yn wahanol iawn i un arall. Roedd cyn lleied o bobl yn gwybod am y Corgi tu fas i Sir Benfro, Sir Aberteifi a Sir Gaerfyrddin nes bod rhai pobl yn meddwl mai brithgwn oedden nhw.

Roedd fy nhad yn un o griw bach ddaeth ynghyd yn Hwlffordd yn 1925 i greu'r 'Corgi Club' (a ddaeth yn hwyrach yn 'Welsh Corgi Club'), a chymryd y camau cyntaf i gael y Corgi Cymreig wedi ei gydnabod fel brîd. Paratowyd restr o safonau hefyd ar gyfer brîd Corgi Sir Benfro. Mae edrych ar luniau cynnar o'r Corgi Cymreig yn dangos yn glir faint mae'r ci bach wedi esblygu ers hynny. Flwyddyn ar ôl sefydlu'r 'Corgi Club', ffurfiwyd y 'Cardigan Corgi Club' i ofalu am y Corgi Sir Aberteifi, y corgi â'r cwt hir. Ers hynny, mae'r ddau deip o gorgi wedi datblygu ac wedi cynyddu mewn poblogrwydd, ac maen nhw'r un mor gartrefol mewn tŷ teras â phalas brenhinol. Maen nhw hyd yn oed wedi ymddangos ar stampiau mewn gwledydd mor amrywiol ag Afghanistan, Bhutan, Nepal, Cambodia, y Congo, Rwsia, Dhufar, yn Oman a'r Unol Daleithiau.

Cafodd Nhad gryn lwyddiant gyda'i gorgis. Ei ast Siân Fach Lwyd oedd y Corgi Cymreig cyntaf i ennill tri 'Best of Breed Challenge Certificate' a'r teitl swyddogol 'Champion'. Mae 'Challenge Certificate' yn cael ei roi i gi sydd wedi ei ddyfarnu'n 'Best of Breed' yn y sioeau cŵn mwyaf. Os yw'r ci'n ennill yr anrhydedd yma dair gwaith, mae'n cael y teitl Pencampwr. Nhad oedd bridiwr y Pencampwr arall hefyd, Crymych President, a President oedd tad corgi cyntaf y Frenhines, sef Dookie, a gyflwynwyd i'r Dywysoges Elizabeth pan oedd hi'n wyth mlwydd oed. Ges i'r fraint o siarad â'r Frenhines am y corgis pan ddaeth hi i ymweld â Sioe Brycheiniog yn 1953, blwyddyn ei choroni. Mae cariad y Frenhines at y brîd wedi parhau hyd heddiw,

Nhad a rhai o'i gŵn

21

wrth gwrs. Digwydd bod, mae ein hŵyr a'n hwyres, Lucas ac Alisa, yn galw Gwynfor, fy ngŵr, nid yn 'Dadcu' ond 'Dwci', heb unrhyw arweiniad gennym ni.

Wrth i mi dyfu i fyny felly, roedd y corgis yn rhan o fywyd Pantyblaidd. Fe ges i fy enwi ar ôl un o ffrindiau mawr Nhad, Mrs Thelma Gray, oedd yn berchen ar Rozavel Kennels. Rwy'n cofio iddi ddanfon pecyn o Rowntrees Fruit Pastilles ata i'n anrheg ar ôl i fi ennill cystadleuaeth yng nghylchgrawn *Our Dogs*. Ar gyfer y gystadleuaeth, roedd yn rhaid adnabod ac enwi brîd y ci o'r disgrifiad a roddwyd. Ymchwiliais yn drwyadl ac ar ôl ychydig o waith ditectif, des i o hyd i'r ateb a'i hala at y cylchgrawn. Ro'n i wrth fy modd pan ges i wybod mai fi oedd wedi ennill. Rwy'n siŵr fod 'na wobr am ennill y gystadleuaeth – ond *pastilles* Mrs Gray yw'r unig beth rwy'n ei gofio.

Gan amlaf ar ddydd Sadwrn byddai Nhad yn teithio i ryw sioe gŵn – yng Nghymru ac hefyd i'r sioeau mwy yn Lloegr – oherwydd yno roedd y 'Challenge Certificates' yn cael eu dyfarnu. Mi fyddwn i'n mynd gydag e i'r mwyafrif o sioeau yng Nghymru, ac weithiau, os oedd Mam yn rhy brysur, i'r sioeau yn Lloegr hefyd. Mi fyddai 'na waith paratoi'r cŵn ar gyfer y cystadlu, yn enwedig ar ôl iddyn nhw gael taith hir mewn bocs yn y car, a 'ngwaith i oedd eu brwsio a'u cymhennu er mwyn iddyn nhw edrych ar eu gorau ar gyfer y dosbarth. Ac wrth gwrs, mi fyddwn i hefyd yn cystadlu yn nosbarthiadau'r plant fel arfer, rhywbeth we'n i'n ei fwynhau'n ofnadw. We'n i hefyd yn mwynhau'r elfen gymdeithasol, oherwydd roedd y cystadleuwyr i gyd yn cymysgu wrth ddisgwyl am eu dosbarthiadau.

Fi'n dair ar ddeg oed gyda'r ci Matchless Sun (Sunny Boy)

Yn y 1960au cynnar, daeth Corgis Cymreig yn boblogaidd iawn yn yr Unol Daleithau, a bydden ni'n cael ymweliadau cyson gan ddilynwyr brwdfrydig fel Mrs Michael Pym a Mrs Henning Nelms, oedd yn dod draw i Gymru i chwilio am rai o'r cŵn â'r achau gorau i fynd 'nôl â nhw i America. Roedd Mrs Pym wedi gwirioni ar

Pantyblaidd Cara Mia, oedd yn enillydd o fri yn y sioeau, ac yn awyddus iawn i'w phrynu. Ond fy nghi anwes i oedd Cara Mia, ac er i Mrs Pym ddweud wrthyf am enwi fy mhris, we'n i'n ffaelu ei gwerthu. Ar ôl fy mhriodas daeth Cara Mia i fyw gyda ni ar y fferm i fwynhau ei hymddeoliad o'r sioeau. Yn 1960, gofynnwyd i fi ysgrifennu erthygl am hanes y Corgi ar gyfer rhifyn Nadolig cylchgrawn y Kennel Club yn India.

Roedd doniau creadigol Nhad yn mynd y tu hwnt i'w allu i fridio Corgis hefyd. Roedd Pantyblaidd yn anghysbell, ac roedd yn rhaid i Nhad sicrhau bod digon o atyniadau i ddenu'r cwsmeriaid yno. Roedd dwy dafarn arall yn Nhegryn a Blaenwaun, ryw ddwy filltir i ffwrdd, felly roedd yn rhaid i Bantyblaidd gynnig rhywbeth ychwanegol. Roedd Nhad yn un am dechnoleg newydd, a ni oedd y cyntaf yn yr ardal i gael teledu. Cafodd y set ei rhoi ar y bar er mwyn i'r cwsmeriaid allu gwylio chwaraeon – er nad oedd gan fy nhad ddiddordeb mewn unrhyw chwaraeon ei hun – a digwyddiadau fel y Coroni.

Ni oedd y cynta hefyd i gael trydan – ar y pryd doedd yr ardal ddim yn cael trydan o'r prif gyflenwad, a lampiau *tilley* a chanhwyllau oedd mwyafrif ein cymdogion yn eu defnyddio. Roedd ystod o fatris yn rhedeg y system ac yn llenwi un sièd fawr. Yno hefyd oedd y *converter switch*, a we'dd rhaid i ni gofio ddiffodd hwnnw pan we'n ni wedi gorffen gwylio'r teledu. Pan gawson ni'n cysylltu â'r grid cenedlaethol ymhen amser, fe werthodd Nhad y batris am y nesa peth i ddim. Mae'r rhod wedi troi erbyn heddi, ac mae pobl yn defnyddio batris (a phaneli solar) i ddarparu trydan rhad i'w cartrefi unwaith yn rhagor.

Roedd ffôn yn rhywbeth prin yn yr ardal hefyd – ond unwaith eto, roedd un ym Mhantyblaidd. Am nifer o flynyddoedd, rhif ffôn y dafarn oedd Pantyblaidd 1. Roedd hyn yn iawn ar gyfer galwadau lleol, ond pan oedd y galwadau'n rhai cenedlaethol, roedd egluro 'Pantyblaidd 1' wrth y cysylltydd di-Gymraeg yn gallu bod yn anodd. Yn y diwedd, newidiodd y rhif i Crymych 239, oedd yn haws, ond yn llawer mwy di-nod a chyffredin.

Un noson we'n ni'n cysgu'n sownd pan ddaeth cnoc uchel ar y drws. Dill Richards, oedd yn ffermio Ffynnon Wen ryw ddwy filltir bant, oedd 'na, yn gofyn am gael defnyddio'r ffôn i alw am y doctor. Roedd ei fam yn tagu ar rywbeth roedd hi wedi ei fwyta. Yn anffodus, erbyn i help meddygol gyrraedd roedd hi'n rhy hwyr a hithau wedi marw. Anodd dychmygu hyn heddiw.

Un o ddiddordebau arall Nhad oedd awyrennau. Cyn y Rhyfel, trefnodd fod dwy awyren fach yn glanio yn y cae er mwyn i'n cymdogion gael cyfle i fynd lan am yr hyn we'dd e'n eu galw'n *joyrides*. Cafodd posteri eu hargraffu i hyrwyddo'r digwyddiad, a oedd i'w gynnal ar y maes awyr dros dro ar gae ras Pantyblaidd.

Un o ffrindiau agos Nhad oedd Howard Thomas, a gafodd ei eni a'i fagu yn Henfeddau, ryw hanner milltir o Bantyblaidd. Roedd e'n caru gyda merch leol, a phob tro y bydde cyfle'n codi, bydde fe'n hedfan dros Bantyblaidd a dipio'r adenydd er mwyn i ni wybod taw fe oedd 'na. Ambell waith byddai Howard hyd yn oed yn glanio mewn cae yn

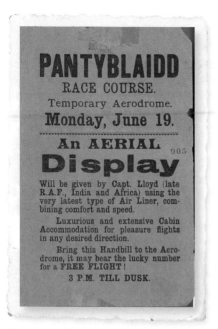

PANTYBLAIDD
RACE COURSE.
Temporary Aerodrome.
Monday, June 19.

An AERIAL
Display 905

Will be given by Capt. Lloyd (late
R.A.F., India and Africa) using the
very latest type of Air Liner, com-
bining comfort and speed.
   Luxurious and extensive Cabin
Accommodation for pleasure flights
in any desired direction.
   Bring this Handbill to the Aero-
drome, it may bear the lucky number
for a FREE FLIGHT!
3 P.M. TILL DUSK.

Poster ar gyfer un o ddigwyddiadau Nhad

agos i Bantyblaidd a dod i'n gweld ni. Un tro roedd Mam a Nhad yn ei wylio'n gadael pan sylweddolon nhw ei fod e'n cael gwaith codi'r Lancaster Bomber enfawr oddi ar y ddaear. Fe gyrhaeddodd e ddiwedd y rhedfa a chodi jest mewn pryd, ond daliodd ffens y cae wrth wneud. Wn i ddim shwt wnaeth e egluro pam roedd darnau o wifren bigog yn sownd wrth un o adenydd yr awyren pan gyrhaeddoedd 'nôl i'r maes awyr.

Ond un o fy atgofion penna i yw'r tro wnaeth Nhad logi awyren fechan i fynd ag ef a Mam a dau o'r cŵn i sioe gŵn yn Birmingham. Roedd y cymdogion wedi gweld yr awyren yn glanio mewn cae cyfagos yn y bore, ac erbyn i Nhad a Mam ddychwelyd y noson honno roedd y cae'n llawn pobl yn disgwyl amdanyn nhw. Ar ôl gweld yr olygfa anarferol, gwnaeth mwyafrif y gynulleidfa eu ffordd i'r dafarn am beint neu ddau. Chawson ni byth wybod cost llogi'r awyren, ond rwy'n amau bod yr arian ychwanegol a wariwyd ym mar Pantyblaidd y noson honno wedi mwy na thalu am y drafnidiaeth anarferol i'r sioe. Roedd Nhad yn sicr yn edrych yn hapus am ddyddiau wedyn, a hynny nid yn unig am fod y cŵn wedi ennill yn Birmingham.

Yn ogystal â'r corgis a'r awyrennau, roedd Nhad yn joio prynu anifeiliaid anghyffredin i ddiddanu'r cwsmeriaid – roedd Mam yn oddefgar iawn. Gawson ni sawl mwnci i chwarae gyda nhw, ond nid pawb oedd yn gwerthfawrogi'r creaduriaid 'annwyl' hyn. Roedden nhw'n ddrygionus tu hwnt, ac roedd rhaid gofalu ar ôl unrhywbeth fyddech chi'n ei fwyta neu fydden nhw'n ei ddwgyd e ac yn diflannu i dop dodrefnyn uchel lle na fydden nhw'n gallu cael eu dal. Dysgodd y cwsmeriaid yn y bar yn go glou i gadw llaw dros eu gwydr neu fydden nhw'n wynebu mwnci meddw. Wn i ddim sut wnaeth Mam gadw'i hamynedd â nhw. Un noson, er mawr hwyl i'r cwsmeriad, fe ddaeth un ohonyn nhw mewn i'r bar yn edrych yn falch iawn ohono'i hun – ac yn gwisgo mwclis perl Mam. Ar ôl hynny, gwnaeth Mam yn siŵr fod ei bocs gemau hi wedi'i gau'n sownd bob amser. Dro arall, dihangodd un ohonyn nhw a mynd mewn i dŷ hen fenyw fach oedd yn byw ar ei phen ei hun lawr yr hewl. Gafodd hi lond twll o ofn, gan feddwl mai'r diafol 'i hun oedd yn ei thŷ pan welodd yr wyneb bach rhyfedd, y cwt hir a'r clustie mawr. Felly fe alwodd hi e'n 'Syr' a rhoi torth o fara iddo – a bant ag e â'r dorth am adre.

Cyn i ni fynd i unrhyw sioe gŵn yn Lloegr, byddai Nhad yn edrych drwy'r *Exchange and Mart* i weld a oedd unrhyw siopau anifeiliaid anwes yng

Mam ac un o'r mwncïod fu'n byw gyda ni ym Mhantyblaidd

27

nghyffiniau'r sioe. Ar ôl cyrraedd y lleoliad, byddai'n neidio mewn tacsi i weld a oedd anifail bach rhyfedd arall i ddod gartre ag e. Roedd e wastad yn arwydd gwael pan oedd bocs gwag yn mynd yn y car gydag e i'r sioe – fel arfer bydde fe'n llawn ar y ffordd gartre, o ryw greadur bach newydd i'w ychwanegu at deulu lliwgar Pantyblaidd.

Roedd ganddon ni hefyd sawl parot, a bydden ni'n eu dysgu nhw i siarad a chanu – rhoeson nhw ddiddanwch diddiwedd i ni. Roedd gan bob un gymeriad unigryw. Bydde un ohonyn nhw'n ail-adrodd, 'Does your mother want a rabbit? Skin and all for nine pence,' drosodd a throsodd. Bydde un arall yn rhoi siot dda ar ganu 'How much is that doggy in the window?' Roedd un arall yn arfer rhedeg ei big ar hyd gwifren y caets yn gyson, fel arfer tra bydden ni'n bwyta. Un diwrnod collodd Nhad ei dymer a gweiddi araith hir ar y parot. Roedd Polly druan yn amlwg wedi'i hypsetio'n lân a 'nôl â hi i gefn y caets yn dawel bach. Gawson ni bythefnos o dawelwch hyfryd – tan un diwrnod, a Betty gartre ar ei phen ei hunan, fe ddechreuodd Polly siarad, ac ailadrodd, gair am air, yr holl ddarlith roedd Nhad wedi ei rhoi iddi, yn union fel petai'n adrodd pennill.

Roedd gan Nhad hefyd ddiddordeb mewn dofi anifeiliaid gwyllt, ac os oedden nhw wedi'u hanafu, fydde fe'n hala amser yn gofalu amdanyn nhw a cheisio'u gwella. Mae un hen ffotograff ohono gyda chadno ifanc, ac rwy'n cofio mochyn daear oedd yn arfer cysgu yn un o'r siedie ym Mhantyblaidd.

Er gwaetha'r diddordebau anarferol, roedd Nhad yn ofalus iawn gydag arian ac ni fyddai dim yn cael ei wastraffu na'i daflu bant. Am flynyddoedd, fuodd e a ffrind yn

ysgrifennu at ei gilydd gan ddefnyddio'r un amlen bob
tro – aeth e'n rhyw fath o gêm rhyngddyn nhw. Dro ar ôl
tro fuodd yr amlen 'nôl ac ymlaen a ninnau'r plant yn joio
archwilio'r amlen i weld y ffyrdd dyfeisgar oedd yn cael eu
defnyddio i sicrhau ei bod yn cael ei hailgylchu unwaith yn
rhagor. Dwi ddim yn cofio pam daeth yr arfer i ben. Efallai
fod y Swyddfa Bost wedi rhoi diwedd arno ar ôl i'r amlen
falurio i'r fath raddau – neu, yn fwy tebygol gyda Nhad
cybyddlyd, roedd gan gost cynyddol stamp rywbeth i'w
wneud â'r peth.

Cariad mawr arall Nhad oedd *fish and chips*. Ro'n ni
wastad yn stopio mewn caffi ar y ffordd gartre o sioe gŵn.
Roedd e'n gwybod ble roedd y caffis gore i gyd ac yn aml
bydden ni'n gwneud dargyfeiriad os nad oedd yr un gorau
ar y ffordd 'nôl. Doedd Nhad ddim yn rhyw hoff o *fine
dining*, a *fish and chips* we'dd ei hoff fwyd, 'sdim amheuaeth
am hynny. Rwy'n cofio un tro, ddim sbel ar ôl i fi briodi,
we'n i a'r gŵr newydd ar fin gadael am ein hymweliad
cyntaf fel cwpl â Llundain. Tynnodd Nhad fi i'r naill ochr
a golwg ddifrifol arno, a we'n i'n meddwl 'mod i'n mynd i
gael rhybudd am beryglon y ddinas fawr. Ond na – roedd
e am ddweud wrtha i am siop tsips neis yn agos i orsaf
Paddington.

Mae tŷ tafarn wastad yn lle i bobl glebran, yn enwedig
ar ôl cwpl o beints, a doedd Pantyblaidd ddim yn eithriad.
Yn ogystal â phrif ystafell y dafarn, we'dd lolfa ychwanegol
oedd yn cael ei chadw'n sbeshal i ffrindiau a chwsmeriaid
arbennig. Pan oedd ein rhieni'n meddwl ein bod ni yn y
gwely'n cysgu'n sownd, mi fydden ni blant yn cripad lawr

y stâr i glustfeinio. Bydden ni'n clywed y pethe rhyfedda, storïau oedd yn sicr ddim i'w clywed gan glustiau ifanc. Rwy'n cofio clywed y cwsmeriaid yn trafod un stori am gwpl ifanc oedd wedi trefnu eu priodas mewn swyddfa gofrestru leol. Ond ar fore'r briodas, dechreuodd y briodferch roi genedigaeth. Yn hytrach na gohirio'r dathliadau, cafodd chwaer y briodferch ei gwisgo yn y ffrog briodas a chymerodd hi le ei chwaer yn y seremoni! Wnaeth neb sibrwd gair am y twyll a phriodwyd y 'cwpl'. Ateb ymarferol iawn i'r broblem.

Roedd y dafarn yn ganolbwynt cymdeithasol a chymunedol yn yr ardal. Ar y pryd, roedd cwningod gwyllt yn bla yng nghefn gwlad a chynigid arian 'pin' i ffermwyr am eu maglu. Daeth y dafarn yn ganolfan gasglu ar gyfer cwningod marw, ac wedyn byddai Nhad yn eu hanfon i Birmingham yn ddyddiol. Roedd dal cwningod yn amlwg yn waith sychedig, achos byddai'r ffermwyr yn aros i gael hanner o gwrw tra'n casglu eu harian. Ond bydden nhw hefyd yn cael y newyddion lleol i gyd wrth wneud. Chofia i ddim i'r peth achosi unrhyw ofid i fi ar y pryd, ond nawr rwy'n edrych yn ôl ar y broses o faglu cwningod ag arswyd. Roedd yn fendith pan ddaeth y maglau 'gin' yn anghyfreithlon – er, byddai digon yn dadlau bod cyflwyno mycsomatosis yn fwriadol yr un mor greulon. Wrth i fi fynd yn hynach, rwyf wedi mynd yn fwyfwy sensitif i'r pethe 'ma. Un tro ar ddiwrnod plufio gollyngais yr hwyaid yn rhydd – wnes i fyth gyfaddef mai fi oedd wedi gwneud – er mwyn eu hachub o'u ffawd ar yr achlysur hwnnw.

Cyn i ni gael y teledu, we'n ni'n gwrando ar gryn dipyn

o radio gartre, neu'r weiarles fel o'n ni'n 'i alw fe. Roeddwn
i'n edrych 'mlaen yn arbennig at glywed rhaglenni *Galw
Gari Tryfan* – cyfres sy wedi cael ei hail-wneud yn eithaf
ddiweddar. Roeddwn i hefyd yn dwlu ar ddarllen a we'n i
wrth fy modd pan ges i *Llyfr Mawr y Plant* yn anrheg un
Nadolig.

Bydden i'n treulio'r gwyliau gyda Bessie a Benja
Griffiths, oedd yn byw yng Nghwmhiraeth ger Drefach
Felindre. Merch leol oedd Bessie a oedd wedi gweithio ym
Mhantyblaidd nes iddi briodi. We'n i wrth fy modd yn cael
gwyliau gyda nhw ac yn cael fy sbwylo'n llwyr – a do'n i
ddim yn hapus pan gyrhaeddodd eu merch fach, Jennifer,
i dynnu'r holl sylw oddi arna i. Ond, fe ddaeth Jennifer a
finne'n ffrindie penna, a ry'n ni'n dal yn ffrindie heddi.

Ysgol Gynradd Tegryn oedd fy ysgol gynta i. Ac rwy'n
dychmygu 'mod i'n eitha llond llaw yn yr ysgol yn ogystal â
gartre. Fy atgof cynta i o'r ysgol yw cael fy nghwrso rownd y
dosbarth gan yr athrawes, a honno'n chwifio cansen denau.
Chofia i ddim a lwyddodd hi i 'nala i, ond os do, rwy'n siŵr
fod y gosb yn un haeddiannol. Atgof arall yw'r adeg pan
gafodd yr ysgol ddwy goconyt gyfan yn anrheg – ffrwyth
na we'n ni blant wedi'i weld o'r blaen wrth gwrs. Gawson
ni i gyd ddarn tenau yr un – ond aeth yr athrawon gartre â
chwlffe mawr! Rwy'n cofio bod yn hollol siomedig yn hyn –
wnaethon nhw ddim hyd yn oed ymdrechu i'w cwato nhw
o'n golwg ni.

Atgof arall o'r ysgol gynradd yw'r tro y gofynnwyd i fi,
ddiwedd un prynhawn, ddweud gair i gloi cyngerdd y noson
honno. Fe wnes i 'ngorau i gofio'r hyn oedd angen i fi ei

ddweud a we'n i'n meddwl 'mod i wedi gwneud jobyn eitha da o ystyried mor fyr rybudd oedd y cais. Ond pan ddaeth yr amser, cydiodd y nerfau arnai'n dynn, aeth yn nos arna i a gorfod i'r prifathro druan sibrwd y geiriau yn fy nghlust. Roedd siarad cyhoeddus yn codi ofn arnaf am flynyddoedd wedyn.

Rwy'n siŵr fod 'na lawer o adegau hapus iawn yn Ysgol Tegryn, ond yn anffodus rwy'n dueddol o gofio'r adegau mwyaf poenus.

Fe gawson ni'n tri wersi piano gyda Lloyd Phillips ac fe basiodd Betty'r arholiadau i gyd ag anrhydedd. Ond doedd gen i ddim diddordeb, ac yn aml fydden i'n diflannu i weld fy ffrind Rosie ym Maengwynhir, hanner milltir i ffwrdd, er mwyn osgoi cael gwers. Aeth Betty ymlaen i fod yn athrawes gerdd, yn ysgol Mynydd Cynffig i ddechre, ac wedyn fel pennaeth adran yn Ysgol Ramadeg Greenhill, Dinbych-y-pysgod. Gyda hi oedd y ddawn gerddorol, nid fi.

Ymhen amser, pasiodd y tri ohonon ni'r *scholarship*, fel we'dd e'n cael ei alw bryd hynny, a mynd ymlaen i Ysgol Ramadeg Hendy-gwyn ar Daf, neu 'Whitland Grammar' fel o'n ni'n 'i nabod hi. I ddechrau, byddai Berry a Betty yn lletya yn Hendy-gwyn yn yr wythnos ac yn dod 'nôl i Bantyblaidd ar y penwythnos, ond wnes i erioed aros bant yn ystod yr wythnos. Yn hytrach, we'n i'n teithio lawr bob dydd ar y Cardi Bach, trên oedd yn mynd yn ddyddiol i Aberteifi a Hendy-gwyn o orsaf Llanfyrnach. Un tro ar y ffordd adre eisteddais i a Rosie Maengwynhir yn gysurus mewn cerbyd gwag ar ddiwedd y trên – cyn gweld gweddill y cerbydau'n diflannu bant hebddon ni. Doedd Nhad ddim yn blês iawn pan ffoniais i gartre i egluro a gorfod iddo ddod i'n hôl ni.

Roedd fy amser yn Whitland Grammar yn weddol ddiddigwyddiad. Betty oedd yr un academaidd, ac aeth hi 'mlaen i fod yn Brif Swyddog. Roedd yn cael ei gymryd yn ganiataol y bydden i a Berry'n dod gartre i weitho ar ôl gorffen ysgol. Ces i fy nysgu gan athrawon gwych ac atgofion melys sydd gennyf o'n amser yn yr ysgol. Pennaeth yr Adran Saesneg oedd Miss E. A. Roberts, draig o ddynes – ond ei llysenw ymysg ni'r plant oedd 'Bobs' oherwydd ei bronnau helaeth! Miss Butcher oedd fy athrawes Saesneg, a hwnnw we'dd fy mhwnc gorau. Miss Phillips oedd yn dysgu Cymraeg i mi ac er gwaetha'i hymdrechion, rwy'n siŵr 'i bod hi wedi danto at fy Nghymraeg sgrifenedig. Fy hoff bwnc oedd Hanes, gyda Mathew Mathias yn dysgu,

Llun dosbarth Ysgol Hendy-gwyn ar Daf. Rwy yn y rhes flaen, yr ail o'r dde

tad y cyfansoddwr William Mathias. Miss Francis oedd yr athrawes goginio a Mr Finch oedd â'r dasg anffodus o dreial dysgu Cemeg i fi. Does gen i ddim cof am fathemateg, geometreg nac algebra – dwi ddim hyd yn oed yn cofio enw'r athro, heb sôn am beth ddysgon ni.

Mr E. C. Davies oedd yr athro Daearyddiaeth hynaws, neu Dai Bach o achos ei siâp a'i daldra. Trefnodd Mr Davies drip ysgol i dros ddeugain o ddisgyblion i Baris yn 1953 ac fe ganiataodd ein rhieni i Betty a finne ymuno â'r grŵp. Dechreuodd pethau'n wael achos roedd y daith draw ar y cwch yn un stormus, a bues i a nifer o'r lleill yn dost iawn trwy gydol y daith. Ym Mharis, we'n ni'n cysgu mewn *dorm* mawr a'r bwyd yn go syml. Roedden ni'n teithio i bob man yn defnyddio'r system Métro – finne â macyn wedi'i wasgu'n

Y daith ysgol i Baris. Ar y chwith yn y blaen mae Dai Bach a finne nesa ato a Betty, fy chwaer, yn fy ymyl. Yn y rhes ganol ar y dde mae William Mathias

dynn yn erbyn fy nhrwyn er mwyn ceisio osgoi'r arogl garlleg oedd yn codi oddi ar fy nghyd-deithwyr Ffrengig. Ond er gwaetha hyn oll, ges i a gweddill y grŵp amser gwych, a gweld mwyafrif y prif atyniadau.

Ehangodd y trip i Baris fy ngorwelion, a dechreuais gymryd mwy o ddiddordeb yn fy ngwaith ysgol. Ro'n i'n dyheu am gael aros ymlaen i wneud Lefel A a pharhau â'm haddysg. Ond roedd Mam a Nhad am i fi ddod gartre, am fod mwy a mwy o waith i'w wneud, a doedd iechyd fy nhad ddim ar ei orau. Serch hyn, ar ddiwrnod cynta'r tymor ysgol newydd fe godes i'n gynnar a, heb yn wybod i'n rhieni, cerdded i ddal y trên i'r ysgol. Mewn gwirionedd, fydden i byth wedi mynd yn erbyn dymuniadau fy rhieni – prin oedd y plant oedd yn meiddio gwneud yn y dyddie hynny – a rhoies i'r gore i'r freuddwyd o fynd i'r chweched ddosbarth yn go glou. Hyd heddi rwy'n difaru nad es i brifysgol – ond llwybr gwahanol oedd yn fy nisgwyl i.

Llanfallteg

Ar ôl gadael ysgol, fy ngwaith i gartre oedd edrych ar ôl y cŵn a gofalu am y gwaith papur oedd ynghlwm â nhw. Yn ogystal â'r Corgis, we'n ni'n berchen ar gi anwes *Pomeranian* o'r enw Sonny Boy. Roedd e'n gariad bach – a bach oedd y gair, achos rhyw bedwar pwys, llai na 2kg, oedd e'n pwyso. Ond un dydd, disgynnodd Sonny Boy oddi ar gadair a marw. Fe dorres i 'nghalon a ffaelu'n deg â meddwl am fynd drwy'r broses boenus o'i gladdu e, felly fe lwyddais i berswadio Nhad a Mam i anfon ei gorff bach e at dacsidermydd. Sawl wythnos yn ddiweddarach fe gyrhaeddodd Sonny Boy 'nôl gartre'n edrych yn syndod o debyg i'r hyn oedd e pan oedd e'n fyw ac yn iach. Wrth gwrs, erbyn hyn we'dd fy hiraeth i wedi lliniaru, ond cafodd Sonny Boy ei le yn y lolfa am sawl blwyddyn a thwyllwyd sawl person wrth weld yr hen gi bach i feddwl ei fod e'n fyw.

Un o 'nghŵn mwyaf adnabyddus oedd Pantyblaidd Pip. Corgi Sir Aberteifi oedd Pip, un brith a gwyn. Pan oedd Pip yn naw mis oed, aeth fy

Pantyblaidd Pip

rhieni ag e i sioe yn Bingley Hall yn Birmingham. Roedd e eisoes wedi ennill dwy 'Challenge Certificate' a'r gobaith oedd y bydde fe'n ennill y drydedd yn y sioe hon er mwyn iddo ddod yn Bencampwr llawn. Ond heb yn wybod i ni, roedd gan Pip gynlluniau gwahanol. Roedd fy rhieni'n aros mewn gwesty bach a doedd Pip ddim yn cael aros yn yr ystafell, felly roedd yn rhaid iddo aros yn y garej dros nos. Rhywffordd neu'i gilydd, yng nghanol y nos, llwyddodd Pip i ddianc o'i focs, a'r eiliad yr agorodd drws y garej fore trannoeth, roedd e mas fel bollt a bant ag e. Fuon nhw'n galw a chwilio amdano fe am sawl awr, ond doedd dim sôn amdano, ac wrth gwrs fe ffaelon nhw gyrraedd y sioe.

Roedd Nhad a Mam wedi'u hypsetio'n llwyr, felly neidion nhw i'r car a bwrw am adre. Wrth gwrs, ar ôl cyrraedd 'nôl, sylweddolon nhw nad oedd llawer o siawns dod o hyd i Pip os oedden nhw yng Nghymru a Pip yn Birmingham. Drannoeth, aeth Nhad a finne'n ôl i Birmingham i ailddechrau'r chwilio. Ar ôl cyrraedd, es i mewn tacsi'n syth i'r stiwdio radio a theledu yn y ddinas a gofyn iddyn nhw wneud apêl am Pip, gan gynnig gwobr o £35 i'r sawl fyddai'n ei ddychwelyd yn saff. Fe ffonies i wedyn i weld a oedden nhw wedi cael unrhyw ymateb. Ond ces i wybod nad oedd neb i siarad â fi yn y stafell newyddion achos bod pawb mas yn chwilio am ein ci ni!

Roedd diweddglo hapus i'r stori pan ddaeth dau berson o hyd i Pip yn crwydro ar dir diffaith, ac fe rannwyd y wobr rhyngddyn nhw. Roedd perchnogion y gwesty wedi bod yn help enfawr yn ystod y broses ac wedi gofidio'n enbyd am Pip – ac fel diolch, rhoddodd Nhad gi bach Corgi iddyn nhw. Doedd Pip ddim wedi cael dim niwed ar ei antur ond we'dd e'r un mor falch o'n gweld ni ag yr o'n ni o'i weld e. Roedd llun ohono i, Nhad a Pip yn y papurau newydd lleol, a chafodd y stori hyd yn oed ei hadrodd ar Midlands Television. Mae'r byd wedi newid cymaint ers y cyfnod hwnnw. Mae'n anodd dychmygu y byddai unrhyw ffws yn cael ei wneud am gi ar goll mewn dinas fel Birmingham heddiw.

Enillodd Pip ei drydedd tystysgrif yn y pen draw, a hynny yn Crufts y mis Chwefror canlynol – roedd e'n amlwg am ddisgwyl am sioe gŵn enwocaf y byd er mwyn gwneud ei farc.

Roedd Nhad yn cadw Corgi bridio a fydde pobl yn dod â geist ato fe – we'dd e'n codi tâl o bunt y tro os dwi'n cofio'n iawn. Roedd Nhad yn cynnig prynu'r cŵn bach ar ôl iddyn nhw gyrraedd – £4 am gi, £3 am ast. Fel rhan o'r gwasanaeth, ro'n i'n mynd o gwmpas y ffermydd i docio cynffonnau'r cŵn bach drwy rhoi band lastig o amgylch y cwt fel byddai cylchrediad y gwaed yn cael ei atal, a'r cwt wedyn yn crebachu a chwympo bant ryw wythnos yn hwyrach. Roedd hyn yn cael ei wneud pan fyddai'r cŵn bach yn ifanc iawn, rhai diwrnodau oed yn unig, a doedd e ddim i'w weld yn achosi unrhyw boen na niwed iddyn nhw. Ond rwy'n edrych 'nôl ar y peth nawr ac yn teimlo'n anghysurus, achos fydden i'n ei ystyried yn farbaraidd erbyn hyn. Rwy'n falch fod yr arfer wedi ei wahardd bellach, oni bai ei fod yn cael ei wneud gan filfeddyg.

Fi oedd hefyd yn gyfrifol am ddod o hyd i fwyd i'r cŵn. Oherwydd bod cynifer ganddon ni, roedd angen ffeindio'r ffyrdd rhata i'w bwydo. Fel rhan o 'nyletswyddau, ro'n i'n casglu cyrff anifeiliaid meirw o ffermydd lleol. Roedd y rhain wedyn yn cael eu bwydo i'r cŵn, naill ai'n amrwd neu wedi'u coginio. Pan fuon ni yn ymweld â'n cymydog Stanley Davies, Rhydfelin, un noson yn ddiweddar, cwrddon ni â Mr Granville Hughes, ac atgoffodd fi o'r tro es i ymweld â'i fferm i gasglu llo marw. Roedd y llo wedi trigo ryw bellter o'r fferm ei hun, ac mewn man oedd yn amhosib ei gyrraedd ar y tractor am ei fod yn rhy serth. Roedd y llo'n dri mis oed ac yn rhy drwm i'w lusgo lan y rhiw i'w lwytho i'r fan. Ond ro'n i wedi paratoi ar gyfer hyn a bant â fi gyda chyllell a llif llaw i dorri'r corff yn ddarnau i'w cario nhw lan y rhiw. Roedd y ffarmwr wedi'i ypsetio achos we'dd e wedi colli anifail gwerthfawr wrth gwrs – ond roedd e hefyd yn ffaelu credu'i lygaid o weld smwten o ferch ifanc yn gallu bwrw at dasg mor erchyll a hynny heb feddwl ddwywaith. Prin oedd e'n gallu edrych arna i.

Rwy'n cofio Gwynfor y gŵr hefyd yn cael sioc ychydig ar ôl i ni ddechrau caru, pan ofynnes iddo ddod gyda fi i gasglu hwch o fferm foch Clynblewog. O achos ei maint hi, we'dd yn rhaid torri'r hwch yn ddarnau cyn ei llwytho i'r fan. Druan â Gwynfor – we'dd 'i ben e mas o ffenest y fan yr holl ffordd adre. Rwy'n siŵr ei fod e'n meddwl beth yn y byd oedd e'n 'i wneud gyda'r ferch 'ma oedd yn torri cyrff anifeiliaid yn bishys gwaedlyd. Wrth gwrs, mae popeth wedi newid erbyn heddiw, ac mae casglu anifeiliad meirw'n anghyfreithlon. A serch fy mod i'n gallu ymdopi ag unrhyw anifail marw, hyd heddiw rwy'n ffaelu edrych ar anifail yn cael ei ladd.

Un tro, daethon ni o hyd i gadno wedi trigo, felly wnaethon ni ei goginio, gan feddwl y byddai'r cŵn yn ddigon hapus i'w fwyta, ond na, gwrthodon nhw ei gyffwrdd.

Yn sicr, merch yr awyr agored we'n i, a we'n i'n casáu gweitho yn y dafarn, i'r fath raddau nes y byddwn i'n helpu mewn amgylchiadau eithriadol yn unig, fel nos Sadwrn, pan we'dd y lle'n orlawn ar ôl rhyw ddigwyddiad lleol. Mi fydde'n rhieni i'n erfyn arna i helpu golchi gwydrau o leia, a fydden i'n cripad i'r sinc yn anfodlon, ond yn gwrthod troi i wynebu'r cwsmeriaid. Wnaeth y fath swildod gyda chwsmeriaid ddim para oes, diolch byth, ac erbyn i fi ddechrau gyda'r caws we'dd pethe wedi gwella.

Ar ôl chwarter canrif o redeg tafarn, dechreuodd fy rhieni flino ar yr oriau hir a'r gwaith, felly dyma ddechrau edrych am gartref newydd. Ro'n nhw'n chwilio am dŷ gweddol fawr gydag ychydig o dir, a chawson ni lot o hwyl yn mynd o gwmpas y fro'n edrych ar dai. Gwelson ni un tŷ hyfryd, Glanrannell, ond roedd fy rhieni'n teimlo'i fod e tu hwnt i'r ardal ro'n nhw'n 'i ffafrio – mae'r lle'n westy gwledig erbyn heddi. Posibilrwydd arall oedd plasty Dolhaidd yn Henllan ger Castellnewydd Emlyn. Roedd y tŷ wedi ei atgyweirio'n arbennig gan sgweier plasty Glaspant, Capel Iwan, ond doedd dim tir yn rhan o'r eiddo, ac mewn gwirionedd, roedd e'n rhy fawr i ni, gydag wyth ystafell wely a phedair stafell 'molchi. Ei bris ar y pryd oedd £8,300, sy'n anodd credu'r dyddie 'ma.

Yn y pen draw, daeth fy rhieni o hyd i dŷ o'r enw Lan yn Llanfallteg, a theimlo'i fod e'n eu siwto nhw'n berffaith, er bod angen rhywfaint o waith arno. Cyn i ni symud i mewn, fuodd y crefftwr lleol, Morgan 'Sâr' a'i dîm yn gweitho'n galed, gan adnewyddu'r nenfydau addurniadol bendigedig ac ailwampio'r cyfan.

Roedd pedair erw ar ddeg o dir yn dod gyda'r tŷ a phenderfynwyd dechrau godro – penderfyniad oedd ychydig yn rhwyddach i'w wneud gan fod yr adeiladau fferm yn cynnwys sièd berffaith o frics a llechi, a theils gwyn hardd y tu mewn. Fe brynon ni nifer o wartheg godro a dechrau gwerthu'r llaeth i'r Bwrdd Marchnata Llaeth. Yn y cyfamser hefyd ddechreuon ni ar y gwaith o adeiladu cwt addas ar gyfer corgis annwyl Nhad.

Daeth yn amser i ladd y gwair am y tro cynta, ond roedd haf 1958 yn un gwlyb, a chwympodd glaw trwm ar y bêls cyn iddyn nhw allu cael eu symud i'r sièd. Roedd golwg go shimpil ar y cyfan, nid dyna'r dechrau gorau i'r fenter ffermio newydd.

Roedd fy mrawd Berry wedi bod yn gweithio i fy rhieni ym Mhantyblaidd ers gadael ysgol ac roedd yn hapus i symud gyda'r teulu i Lanfallteg. Roedd gwaith ychwanegol iddo nawr oherwydd nifer yr erwau a'r fuches ifanc i odro ddwywaith y dydd.

Cafodd Mam help morwyn ym Mhantyblaidd, Val Phillips o Faengwynhir, chwaer fy hen ffrind Rosie, oedd hefyd yn ffrind i mi. Fe ddaeth Val i weithio gyda ni'n syth o'r ysgol ym Mhantyblaidd, ac fe symudodd hi i'r fferm newydd gyda ni, a helpu gyda'r godro a'r gwaith arall. Ymunon ni ferched â'r capel lleol, Capel Mair, ac ymuno hefyd yn y gweithareddau corawl a oedd yn cael eu dysgu gan Mrs Elizabeth Adams. A thra roedden ni'n ymarfer ar gyfer *cantata* y cwrddes i â'i mab, Gwynfor.

Roedd Gwynfor yn berchen ar hen fan las gyda'r plât cofrestru 'KTG' – ac we'dd e'n lico meddwl bod hwn yn golygu 'Kiss Thelma, Gwynfor'. Ar ein dêt gynta, es i eistedd yn sedd y teithiwr, taniodd Gwynfor y car, gollwng y *clutch*, a'r peth nesa ro'n i'n hedfan am yn ôl dros fy mhen a 'nghlustie a bennu lan yng nghefn y fan, a'r sedd gyda fi. Gwnaeth Gwynfor ei orau i 'mherswadio i nad oedd hyn yn fwriadol, ond sa i mor siŵr. Roedd yn sicr yn un ffordd o weld a we'dd synnwyr digrifwch gen i ta beth.

Roedd rhieni Gwynfor yn byw yn Llwyncelyn, fferm ar gyrion Llanfallteg. Fferm ar stad fawr Parke oedd Llwyncelyn ar y cychwyn. Yn y 1890au gŵr gweddw o'r enw Walter Adams oedd y tenant. Ym mis Mehefin 1898, fe briododd ei ail wraig, Elizabeth 'Betsy' Beynon, yng Nghapel Bethesda, Llawhaden. Bu farw Walter Adams o lid

Y côr ble cwrddais â Gwynfor, dan arweiniad ei fam, Lizzie Adams

y pendics ym mis Hydref 1913 yn 53 mlwydd oed. Cafodd lawdriniaeth ar ford y gegin yn Llwyncelyn ond bu farw yn ystod y broses. Roedd hyn cyn amser anaesthetig, ac mae'n debyg fod ei sgrechfeydd i'w clywed cyn belled â'r pentref. Betsy gymerodd denantiaeth Llwyncelyn wedyn, am rent blynyddol o £104.14.00 am 68.452 erw, a rhent ychwanegol o £16 am ddau gae arall o 9.291 erw. Roedd y cytundeb rhent yn nodi y byddai cosb o £10 yr erw os byddai unrhyw dir yn cael ei aredig. Yn ogystal, doedd dim hawl gosod gwifren bigog o unrhyw fath ar y tir. Mae hen bolisi yswiriant yn dangos taw'r swm aswiriedig ar gyfer yr adeiladau fferm oedd £1,460 a thalwyd premiwm o £1.43.03.

Yn 1919, cafodd y ddau lain eu gwerthu mewn ocsiwn cyhoeddus yn y Yelverton Arms yn Hendy-gwyn. Betsy oedd y cynigydd uchaf, a thalodd gyfanswm o £3,542 am y ddau ddarn o dir.

Yn ei hewyllys, dymuniad Betsy oedd i'r cyfan fynd i'w meibion, Benjamin Rhys Adams, tad Gwynfor, a William Beynon Adams, ar yr amod y byddai p'un bynnag fab oedd yn cymryd y fferm yn cynnig cartref yno i'w frawd hefyd. Rhys aeth ymlaen i ffermio Llwyncelyn, nes iddo ymddeol yn y 1960au pan gymerodd ei fab ieuengaf, Emrys, yr awenau.

Aeth William Beynon (Willie) yn Gysylltydd Radio gyda'r Llynges, ond gorfod iddo adael y swydd o achos salwch môr difrifol. Bu'n gweithio yn ffatri United Dairies yn Hendy-gwyn am flynyddoedd cyn symud i fyw yn y dre yn y pen draw tan ei farwolaeth yn y 1960au.

Roedd gan Gwynfor ddau frawd, Dewi ac Emrys, ac

un chwaer, Eilyr. Roedd gan Dewi lais baritôn gwych ac enillodd nifer o wobrau mewn eisteddfodau. Hyfforddodd yn y Royal College of Music yn Llundain ac roedd galw mawr amdano i ganu mewn cyngherddau a digwyddiadau. Ond bu farw ei wraig, Tonwen, mewn damwain car ofnadwy ddim ymhell o'u cartref yn Mynachlogddu ychydig o ddiwrnodau cyn mynd i ymuno â ffrindiau ar daith i Batagonia. Roedd Dewi i'w weld yn ymdopi â'r golled yn weddol dda, ond mewn gwirionedd rwy'n siŵr ei bod wedi effeithio arno'n enbyd, ac iddi arwain yn rhannol at ei farwolaeth gynnar yn 1988. Bu farw Emrys pan nad oedd ond yn 54 mlwydd oed a hunodd Eilyr ym mis Gorffennaf 2011.

Rhieni Gwynfor, Rhys a Lizzie, yn ein priodas ni

Wncwl Willie ar y chwith, a Dewi, brawd Gwynfor

Roedd rhieni Gwynfor yn Gristnogion brwd ac roedd disgwyl i'r teulu cyfan fynd i'r capel deirgwaith ar y Sul, yn ogystal ag i'r Gymanfa Bwnc a'r Gymanfa Ganu flynyddol.

Roedd mam Gwynfor, Elizabeth Davies – Lizzie – yn athrawes yn yr ysgol gynradd yn Llanfallteg pan gwrddodd hi â Rhys Adams. Roedd Lizzie'n fenyw dalentog, yn canu'r organ a'r piano ac yn mwynhau dysgu'r ifanc i ganu. Byddai hefyd yn gwneud caws a menyn i'r teulu. O anghenraid oedd hyn fel arfer, yn y dyddiau pan fyddai Rhys yn mynd â'r caniau llaeth lawr i'r hufenfa yn Hendy-gwyn – roedd hyn cyn amser y casgliadau llaeth dyddiol – dim ond i gael gwybod bod cwota llaeth yr hufenfa am y diwrnod wedi cael ei gyflenwi, felly doedd dim angen mwy. Ar yr achlysuron hyn, doedd dim i'w wneud ond dychwelyd adre gyda'r llaeth ac, i arbed gwastraff, byddai'r teulu'n gwneud caws.

Sefydlwyd y Bwrdd Marchnata Llaeth yn 1933, gan sicrhau pris penodol i gynhyrchwyr llaeth a sefydlu casgliadau llaeth dyddiol. Roedd meddwl na fydden nhw'n gorfod gwneud caws o'r llaeth gwastraff bellach yn gymaint o ryddhad i deulu Llwyncelyn nes iddyn nhw ddathlu trwy falu'r *cheese presses* oedd ganddyn nhw – hen rai haearn bwrw – yn yfflon a'u taflu i lawr y cwm. Yr eironi oedd y bydden ni'n gosod hysbyseb yn y papurau lleol hanner can mlynedd yn ddiweddarach yn chwilio am yr union fath hyn o *cheese presses*. O ganlyniad i'r hysbyseb, fe dreuliodd Gwynfor a minnau sawl awr yn ymdroelli lawr lonydd fferm cul i brynu'r hen *presses* hyn a'u hadnewyddu. Roedd enw'r lle y cawson nhw eu gwneud, fel 'Cardigan' a 'Carmarthen' wedi'i ysgythru ar nifer ohonyn nhw.

Roedd plentyndod Gwynfor yn un hapus a diddigwyddiad a chyflymdra bywyd yn llawer mwy hamddenol nag yw e heddiw. Mae'n cofio'r dyn post, yn ogystal â'i wraig a'u ci, Scampi, yn cerdded milltiroedd bob dydd ac ym mhob tywydd i ddod â'r llythyron. Cerdded a beicio oedd y prif ffyrdd o deithio i'r ifanc yr amser hynny, ac mi fyddai Gwynfor a'i ffrindiau'n aml yn mynd ar eu beiciau lawr i Arberth am noson mas. Hyd yn oed ar ôl diwrnod wrth y gwair, fydden nhw ddim yn meddwl ddwywaith am fynd yr holl ffordd i Saundersfoot i ymlacio a golchi dwst y sièd wair oddi arnyn nhw yn nŵr y môr.

Wnaeth Gwynfor a minnau ddyweddïo ym mis Rhagfyr 1960, a phriodi yng Nghapel Mair wyth mis yn ddiweddarach ar 3 Awst 1961, a'r brecwast yng Ngwesty'r Boar's Head yng Nghaerfyrddin. Yn Guernsey dreulion ni bythefnos ein mis mêl, yn Le Vallon, St Peter's Port, yn westeion yng nghartref Mrs Firbank, ffrind i mi a bridiwr corgis adnabyddus. Gawson ni amser gwych, yn llogi beiciau i fynd o gwympas yr ynys fach – ond er gwaetha'r ymarfer corff hwnnw, llwyddes i ddod 'nôl rhyw ddeg pwys yn drymach ar ôl mwynhau'r bwyd ychydig yn ormod.

Hanner canrif yn ddiweddarach, ym mis Awst 2011, fe aethon i ail-ymweld â'r ynys fel rhan o fordaith i ddathlu'n priodas aur. Mae'r ynys fechan yn llai na'i chymydog, Jersey, ac o ganlyniad mae pawb yn nabod ei gilydd ac mae'r lefelau trosedd yn isel. Adroddodd ein tywysydd am y dydd stori am y tro y cafodd y Swyddfa Bost leol ei lladrata gan leidr mewn mwgwd. Ond cafodd y lleidr ifanc ychydig o sioc pan ddwedodd y bostfeistres: 'Here you are then, Joe,' wrth roi'r arian iddo.

Ar ôl i ni ddyweddïo, fe ddechreuon ni chwilio am gartref. Roedd ein gofynion am y tŷ ei hun yn dipyn llai uchelgeisiol na rhai fy rhieni, ond mi ro'n ni'n chwilio am fwy o erwau. Fuon ni'n edrych ar sawl lle, gan gynnwys fferm a pharc carafannau'n rhan ohoni ger Aberaeron. O edrych 'nôl, dyma'r lle ddylen ni fod wedi'i brynu os oedden ni am fod yn gyfoethog, achos cafodd ei werthu'n hwyrach i gwmni gwyliau adnabyddus a'i ddatblygu'n gyrchfan gwyliau mawr. Welson ni hefyd fferm oedd yn cynnig busnes gwely a brecwast, ond doedd gorfod edrych ar ôl gwesteion ddim yn apelio ata i.

Fe welson ni sawl lle arall, ond doedd 'run ohonyn nhw'n taro deuddeg. Yna, fe ddywedodd ffrind wrthon ni am fferm

Priodas Gwynfor a fi, gyda Dewi ar y chwith a Betty ar y dde, ym mis Awst 1961. Y morwynion yw Anne Jones (ar y chwith) a Menna Blethyn

Glyneithinog, oedd yn cael ei gwerthu mewn ocsiwn yng Nghastellnewydd ym mis Gorffennaf, fis cyn ein priodas. Felly aethon ni i weld y lle. Roedd ganddo wythdeg pedair erw o dir a thŷ cadarn mewn cyflwr eithaf da, a chyflenwad dŵr oer a thwym yn y gegin, ond heb stafell 'molchi. Roedd yr adeiladau fferm yn rhai traddodiadol ac yn nodweddiadol o'r cyfnod, gyda sièd dda, cytiau lloi, buarth a sièd wair, ac roedd y rhain mewn cyflwr go dda hefyd. Roedd y tir yn wynebu'r de ac i'w weld yn tyfu cnydau da.

Ro'n ni'n lico Glyneithinog ar unwaith a chynigon ni £5,500 i'r gwerthwr, Mr Johnny Jenkins, yn syth, yn y gobaith y byddai'n fodlon gwerthu cyn yr ocsiwn. Ond gwrthod ein cynnig wnaeth e, gan ddweud ei fod e'n dymuno mynd i ocsiwn. Pan ddaeth y diwrnod mawr, fe lwyddodd Gwynfor a'i dad i brynu'r fferm am £5,000. Mae'n fesur o degwch Mr Jenkins, o wybod am ein diddordeb yn y fferm, na ddywedodd wrth yr ocsiwnïar am wthio'r pris i fyny i'r swm wnaethon ni ei gynnig yn y lle cynta. Gyda chymorth ein rhieni a rhywfaint o'n cynilion, llwyddon ni i dalu hanner y pris pryniant ar unwaith a chawson ni forgais preifat wrth ffermwr lleol cefnog am y £2,500 oedd yn weddill.

Cafodd y gwaith papur ei gwblhau dros y misoedd nesaf, a symudon ni i'n cartref newydd ar 3 Tachwedd 1961, i ddechrau pennod newydd yn ein bywydau.

Glyneithinog

Roedd dogfen weithred Glyneithinog yn nodi cofrestru'r fferm yn gyntaf yn 1823, a chofnodwyd 84 erw, dwy rod a 28 clwyd. Roedd Frederick, Iarll Cawdor, a'i wraig, yr Anrhydeddus Elizabeth, y Foneddiges Cawdor, Ardalydd Caerfaddon, yr Anrhydeddus Henry Thynne, yr Anrhydeddus William Howard, y Parchedig John Thypane Francis, Dug Sutherland, Iarll Ellesmere, a Dug Buccleuch a Queensbury, i gyd wedi cofnodi bod ganddyn nhw ddiddordeb yn y tir.

Gwerthwyd y tir yn 1873 am £2,800, oedd yn arian sylweddol yn y dyddiau hynny – dros hanner yr hyn dalon ni dalu amdano bron i naw deg o flynyddoedd yn ddiweddarach.

Un o'r pethau cyntaf brynon ni ar gyfer ein cartref newydd oedd tractor ail law, y cyntaf o sawl tractor International Case a ddaeth yn ffefrynnau mawr gyda Gwynfor, a Carwyn yn nes ymlaen, fuodd hefyd yn gweitho iddyn nhw ar un adeg. Ond doedd ein tractor cyntaf yn ddim byd ond pen tost o'r dechre'n deg. Cawson ni wybod wedyn bod pen injan y tractor wedi cracio, ac er i ni fynd 'nôl at y deliwr i gwyno, chawson ni ddim arian yn ôl. Dal i ymdrechu â'r tractor wnaethon ni nes ein bod ni'n gallu fforddio rhywbeth mwy dibynadwy. Rydyn ni wedi osgoi prynu unrhyw beth mecanyddol ail-law ers y profiad hwnnw, ac mae'n well gennym aros nes gallwn fforddio prynu rhywbeth o'r newydd os yn bosib.

Etifeddes i arferion ariannol gofalus fy nhad. Roedd y ddau ohonon ni'n garcus tu hwnt gyda'r ychydig arian oedd gyda ni – fi'n fwy na Gwynfor, efallai – a we'n ni'n edrych ar ôl pob un geiniog. Rwy'n cofio mynd i Gaerfyrddin gyda Gwynfor un tro i brynu buwch gyda phumdeg ceiniog yn fy mhwrs. Daeth menyw ata i yn y stryd wedi ei chyffroi'n lân a gofyn i fi am gael benthyg pumdeg ceiniog. Doedd hi ddim yn edrych fel y math o berson fyddai'n cardota, ond gwrthodes i roi'r arian iddi; rwy'n difaru hyd heddiw na ofynnes iddi pam roedd angen yr arian arni, ac rwy'n amau o edrych 'nôl fod mwy o'i angen e arni hi na fi'r diwrnod hwnnw.

Prin wnes i hala dim arian ar y tŷ. Rwy'n cofio we'n i hyd yn oed yn llenwi potel â dŵr oer i'w defnyddio fel rholbren. Dyddie 'ma, gallwch chi brynu rholbren gwydr a'i lenwi â dŵr, ac mae'r gwneuthurwyr yn honni ei fod yn gwneud toes a chrwst gwell na'r arfer. Felly, mae'n amlwg fy mod i ar flaen y gad gyda'r ddyfais honno.

Fe waries i arian ar brynu leino i lawr y gegin – ond fues i'n melltithio'r lliw coch ddewises i, achos we'dd e'n dangos ôl pob troed a safodd arno. Ddefnyddion ni'r darnau leino oedd dros ben ar y staer foel. Roedd yn ddiwrnod mawr yng Nglyneithinog pan ddaeth yr amser i brynu carped iawn i'r staer o'r diwedd. Un o'r ychydig bethau eraill brynes i oedd rhewgell fawr 13 troedfedd giwbig. Ro'n ni'n gallu cyfiawnhau'r gwariant hwn achos bydden ni'n safio arian trwy brynu cig mewn swmpiau mawr, a rhewi llysiau we'n ni'n eu tyfu ar y fferm i'w bwyta yn y gaea. A hanner canrif yn ddiweddarach, mae'r un rhewgell yn parhau i weithio'n berffaith, felly roedd hwnna'n fuddsoddiad doeth.

Cawson ni gnewllyn o dda godro oddi wrth rieni Gwynfor a fi, ac roedd hyn yn ddigon i ni ddechrau'r fenter. Daeth ein siec laeth gyntaf ni i £28 gyda £1 o ddidyniad am bob un gwasanaeth tarw potel, ac yn wahanol i heddi, roedd hwn yn cynnwys gwasanaeth ail-wneud di-ben-draw. Ond roedd arian yn dynn. Gwnaeth un o'r cwmnïau bwyd fantolen gost i ni un tro, a dod i'r casgliad mai £8 oedd ein hincwm dyddiol yn y gaeaf, a bod costau bwydo'r anifeiliaid yn dod i'r un swm yn union.

Pan symudon ni i Lyneithinog, roedd Mr Jenkins wedi gadael ci i ni, hen gi defaid annwyl o'r enw Top. Roedd Top yn amlwg yn barod i ymddeol ond fuodd e'n byw'n hapus gyda ni am sawl blwyddyn cyn iddo farw. Lwyddon ni erioed i gael ci defaid gweithio da. Rhoddodd fy Anti Nellie un o'i chŵn i ni, ond we'dd ganddo duedd anffodus o wrthod bod yn yr un cae â'r gwartheg we'dd e fod i'w casglu. Yn hytrach na dilyn y gwartheg, fydde fe'n rhedeg lan a lawr y lôn wrth ochr y cae. Roedd hyn yn hala Gwynfor yn benwan wrth gwrs, a 'nôl i'w hen gartref aeth y ci yn go glou. Dalon ni arian da am ein ci nesaf, Bruce, ci ifanc golygus oedd yn edrych yn addawol. Ond yn anffodus rhedodd Bruce mas o flaen y tancer llaeth un bore a chael ei ladd ar unwaith. Ar ôl hyn, benderfynon ni taw buddsoddi mewn beic cwad yn hytrach na chi fyddai'r dewis callaf.

Cyn gynted ag yr oedd digon o arian ar gael, rhoddon ni

stafell 'molchi yn y *box- room*. Stafell 'molchi oedd y peth
ro'n i'n gweld ei eisiau fwyaf ar ôl symud i Lyneithinog,
a phob cyfle posib fydden i'n mynd 'nôl i dŷ fy rhieni yn
Llanfallteg a chael sociad hir yn eu bath nhw. Roedd Nhad
a Mam hefyd yn gorfod goddef i fi ddod â'r golch i gyd
draw achos we'n ni'n ffaelu fforddio peiriant golchi am sawl
blwyddyn.

Y peth arall oedd wir ei angen arnon ni oedd cwcer gallen
i ddibynnu arno. Roedd yr hen Esse oedd yn y gegin yn ddi-
ddal a we'n i byth yn siŵr pa ganlyniadau fydden i'n eu cael
ganddo – weithiau roedd e'n rhy oer, weithiau'n rhy dwym.
Roedd hyn yn ofid i fi pan fydde gweithwyr yn ein helpu ni
ar y fferm, achos yn aml fydde cinio ddim yn barod iddyn
nhw, a we'dd rhaid iddyn nhw eistedd o gwmpas yn disgwyl
eu bwyd. Doeddwn i ddim yn gogyddes brofiadol chwaith.
Cyn priodi, mas yn yr awyr agored fydden i, yn edrych ar ôl
y cŵn yn hytrach na helpu yn y gegin. Roedd Gwynfor yn
amyneddgar iawn gyda fy ymdrechion, ac mae'n dal i gofio'r
dydd y llwyddes i feistroli'r grefft o wneud bara am y tro
cynta, a chynhyrchu wompen o dorth wen enfawr, berffaith.
Fe wnawn ni anwybyddu'r ffaith ei fod e wedi gorfod bwyta
sawl bricsen galed cyn y diwrnod mawr hwnnw, druan.

Roedd gaeaf 1963 yn un caled a chawson ni'n cau mewn
ar y fferm gan yr eira. We'dd gwir angen cael y caniau llaeth
i ben y lôn yn y gobaith fyddai'r lori laeth yn gallu eu casglu
o'r fan honno. Fe ffaelon ni ddechrau'r tractor, felly doedd
dim amdani ond dechrau ar y dasg anferth o rolio pob un
can lan y lôn serth – rhyw chwarter milltir o hyd – un ar y
tro. Ar ôl rhai munudau, we'n ni heb gyrraedd yn bell iawn,

pan glywson ni sŵn tractor yn dod lawr y lôn. Roedd ein cymydog caredig, Mr George Roben, wedi sylweddoli'n bod ni mewn cawl ac wedi dod i'n hachub. Cyn pen dim, we'dd y caniau ar ei dractor ac yn gwneud eu ffordd lan i'r hewl.

Carcharor rhyfel oedd Mr Roben, a arhosodd 'mlaen ar ddiwedd y Rhyfel a phriodi merch leol. Roedd e'n gymydog da a fydden ni'n helpu'n gilydd gyda'r cynaeafu. Roedd e'n weithiwr caled, ond serch hynny ffaelodd wneud bywoliaeth ar y pedwar deg pedair erw oedd yn eiddo iddo a gorfod iddo ychwanegu at incwm y fferm drwy fynd i weithio i Kraft Dairy Company yn Hwlfford, ryw 30 milltir i ffwrdd. Yn y pen draw, penderfynodd werthu'r fferm ac fe brynon ni'r tir yn 1966.

Sefydlodd hyn batrwm ar gyfer y dyfodol, a dros y blynyddoedd brynon ni 122 erw arall, gan wneud Glyneithinog yn fferm 250 erw (100 hectar), ac mae'r un faint heddiw. Llwyddon ni i brynu'r tir oedd yn ffinio â Glyneithinog, felly mae'r tir i gyd mewn un parsel, sy'n ei wneud yn ymarferol iawn i'w weithio – allen ni ddim bod wedi trefnu pethe'n well petaen ni wedi chwifio ffon hud. Fe gawson ni hefyd gynnig prynu fferm fawr arall oedd yn cynnwys ffermdy wedi'i restru. Roedd Gwynfor yn awyddus i'w phrynu ond fe'i perswadies i e i beidio am fy mod yn gofidio'n bod ni'n ei gor-wneud hi'n ariannol. Byddai hefyd wedi golygu mwy o waith gyda'r tir ychwanegol. Wrth gwrs, o edrych 'nôl nawr, Gwynfor oedd yn iawn ac mi fyddai wedi bod yn fuddsoddiad gwych.

Roedd tai ar ddau o'r darnau o dir a brynon ni, ac fe werthon ni'r rhain i helpu tuag at gost prynu'r tir. Unwaith eto, o edrych 'nôl, fe ddylen ni fod wedi cadw'r ddau dŷ ar gyfer y plant, ond ar y pryd roedd yn ormod o demtasiwn i fanteisio ar y galw a'r ffasiwn am dyddynnod, ac i adennill ychydig o'r arian ar gyfer y gorddrafft cynyddol. Ar un adeg, roedd y llog yn 23%, swm anferthol. Roedd gyda ni drefniant gyda'r banc, sef banc Midland yn y dyddie hynny, ac er ein bod ni'n talu £2,000 y mis yn ôl am gyfnod hir, roedd yn cael ei lyncu gan y codiannau llog, ac ychydig iawn o'r cyfalaf oedd yn cael ei dalu'n ôl.

Un dydd gawson ni alwad ffôn gan ein rheolwr banc yn Hendy-gwyn i ddweud bod angen i ni fod yn fwy gofalus gyda'n gwariant. Roedd hyn yn ergyd, yn ofid ac yn sioc, oherwydd roedd wedi dod heb ddim rhybudd, felly mewn â ni i'r car yn syth er mwyn cael cyfarfod â'r rheolwr. Ond pan gyrhaeddon ni Hendy-gwyn, gawson ni wybod bod popeth yn iawn, wedi drysu rhyngom ni a chleient arall oedd y rheolwr ac roedd e'n hollol hapus â'n trefniadau ariannol ni. Felly mynd adre a phalu 'mlaen wnaethon ni, a'r benthyciadau'n lleihau'n araf bach tan un diwrnod euraid, flynyddoedd yn ddiweddarach, pan ddaeth cyfriflen yn dangos bod y cyfrif mewn credyd; carreg filltir enfawr wedi ei chyrraedd o'r diwedd.

Y trydydd lle i ni ei brynu oedd Llety Clyd, ffermdy â rhyw 71 erw o dir. Roedd y tir yn ffinio â Glyneithinog ac roedd yn gyfle rhy dda i'w golli. O edrych ar y dogfennau gweithred yn nes ymlaen, gwelson fod ffermydd Llety Clyd a Chnwc-y-wig wedi bod dan yr un berchnogaeth 'nôl yn 1889, a Glyneithinog yn eistedd rhwng y ddwy. Roedd y ffermdy'n deidi ond yn ddigon syml, gyda dwy stafell lawr stâr a dwy lan stâr. Doedd 'na ddim dŵr twym yn y gegin, heb sôn am stafell 'molchi. Benderfynon ni werthu'r ffermdy er mwyn ysgfanhau rywfaint ar y baich ariannol, a rhoi hysbyseb fach yn *Exchange and Mart*. Daeth cryn dipyn bobl i weld y lle, a dysgon ni'n go glou taw'r rhai oedd yn dangos y mwyaf o frwdfrydedd oedd y rhai na fyddech chi byth yn eu gweld nac yn clywed wrthyn nhw 'to. Ond cyn hir, fe werthon ni'r lle i Mr a Mrs Perkins o Hwlffordd, a foderneiddiodd y tŷ a'i ehangu. Erbyn heddi, mae Llety Clyd yn cynnig llety gwyliau poblogaidd, ac mae'r tai mas wedi cael eu troi'n fythynnod gwyliau.

Daeth anrheg annisgwyl – a di-angen – gyda Llety Clyd: bwch gafr. Ac fel y rhan fwyaf o'i fath, roedd e'n drewi. Betty, fy chwaer, achubodd y dydd. Rhoddodd neges ar hysbysfwrdd ystafell athrawon ei hysgol, ac fe fanteisiodd un o'i chyfeillion ar y cynnig o afr yn rhad ac am ddim. Roedd hi wedi symud i gartref newydd ac yn chwilio am rywbeth i fwyta'r tyfiant yn yr ardd cyn dechrau cynllunio gardd newydd.

Tua'r un adeg, ro'n ni wedi cael piano gan ein cymdogion, Mr a Mrs Green, oedd yn symud i ffwrdd o'r ardal. Roedd tôn dda ar y piano ond roedd eisiau *French polish* arno. Unwaith eto, Betty ddaeth o hyd i rywun, ac fe drefnon ni drosglwyddo'r piano i'r adnewyddwr mewn gwesty yn Ninbych-y-pysgod. Benderfynon ni – efallai'n annoeth – fynd â'r piano a'r afr yr un pryd. O edrych 'nôl, byddai'n sicr wedi bod yn well syniad i roi'r afr yn y trelar gyntaf ac wedyn y piano. Mae lonydd Dinbych-y-pysgod yn gul, ac roedd ein hen Land Rover di-raen a'n trelar yn llenwi'r hewl.

Cawson ni gryn ffwdan i fynd drwy'r dref yn y traffig. Yn y diwedd, cyrhaeddon ni'r gwesty a pharcio, ac yno buon ni am amser. Yn ffodus, sylweddolodd yr adnewyddwr ein bod wedi mynd i du blaen y gwesty tra'i fod e wedi bod yn ein disgwyl ni yn y cefn, felly daeth i chwilio amdanon ni. Ddechreuon ni'r broses o ddadlwytho ar ochr yr hewl, yr afr gyntaf, ac wedyn y piano. Roedd yr afr ar gadwyn ac fe gerddais ar draws yr hewl â hi er mwyn mynd mas o ffordd y traffig. Wrth 'mod i'n gwneud hyn, fe benderfynodd y bwch gafr waredu'i hun yng nghanol yr hewl – wrth fod car priodas, ynghyd â'r holl orymdaith, yn dod lawr y stryd. Ro'n i'n llawn embaras, ac alla i ond gobeithio i'r digwyddiad anghonfensiynol hwn ddod â lwc dda i'r cwpl priodasol! Yn y diwedd, cyrhaeddodd y bwch gafr ei gartref newydd heb unrhyw ddrama arall, a fuon ni'n chwerthin yr holl ffordd adre i Lyneithinog.

Un dydd yn y blynyddoedd cynnar hynny, fuodd Gwynfor yn lwcus iawn. Roedd e wedi bod lan yn y caeau'n gweitho tra 'mod i lawr ar y fferm. Clywais sŵn y tractor yn dod lawr y lôn a meddwl ei fod e'n dod lawr braidd yn gynnar i odro. Pan es i mas i gwrdd ag e, roedd e'n wyn fel y galchen. Roedd e wedi bod yn cario bar haearn ar y tractor, ac roedd hwnnw wedi llithro o'i afael, cydio yn y ddaear a'i fwrw yn ei frest tra oedd y tractor yn symud yn ei flaen. Aethon ni'n syth draw i Ysbyty Glangwili yn y car. Ar ôl pelydr-X, cawson ni wybod nad oedd e wedi cael anaf difrifol, ond fuodd e mewn dros nos, a dod adre drannoeth. Fuon ni'n lwcus, achos daeth Dewi, brawd Gwynfor, i helpu gyda'r godro am rai diwrnodau tra oedd Gwynfor yn gwella.

Caroline yn saith oed

Ac fe fuon ni'n ofalus iawn beth o'n ni'n ei gludo ar y tractor o hynny 'mlaen.

Roedd 1966 – y flwyddyn gafodd Caroline ei geni – yn amser prysur i ni. Roedd rhai o gaeau'r fferm yn weddol fach, rhyw ddwy neu dair erw mewn maint. Felly fe gyflogon ni gontractwr lleol i dynnu rhai o'r cloddiau er mwyn gwneud y caeau'n rhwyddach i'w gweithio, rhyw wyth i ddeg erw yr un. Gymerodd y gwaith lawer yn hirach nag o'n ni wedi'i ddisgwyl, felly ro'n ni'n hwyr yn hau'r barlys. Doedd gennym ni ddim gweithiwr fferm rheolaidd – cael rhai achlysurol mewn yn ôl yr angen fydden ni. Cawson ni

57

wybod am un gweithiwr fyddai'n gallu dod mewn i'n helpu. Er mawr siom i ni, cyrhaeddodd e'r fferm mewn crys gwyn perffaith a siaced ddu, yn edrych yn debycach i rywun oedd yn gweithio mewn swyddfa nag ar fferm. Roedd e'n hollol analluog ar y tractor a ches i 'ngalw i roi lifft adre iddo i Aberporth. A phan gyrhaeddais i 'nôl, er gwaetha'r ffaith 'mod i'n disgwyl Caroline, fi fuodd ar gefn y tractor yn gwneud y gwaith roedd e wedi ffaelu ei wneud. Rwy'n tyngu bod y sesiynau hyn ar y tractor wedi cyfrannu at gariad anniwall Caroline at deithio!

Ro'n i'n ffodus y flwyddyn gyntaf honno, achos mi fydden i'n rhoi Caroline i gysgu yn ei chrud am chwech o'r gloch y nos, ac mi fyddai'n cysgu'n sownd tan hanner dydd y diwrnod canlynol. Roedd hyn yn ein galluogi i fwrw 'mlaen â gwaith y fferm. Roedd rhai pobl yn meddwl bod hyn yn gyfnod rhy hir i fynd heb ei bwydo, ond roedd hi'n ffynnu, felly do'n ni ddim yn poeni.

Y jobyn mwyaf un i ni ar y fferm yn y blynyddoedd cynnar oedd gosod y concrit, achos roedd eisiau llawer ohono ar glos y fferm. Yn y dechrau, ro'n ni'n ffaelu fforddio concrit parod. Fe brynon ni gymysgwr concrit ac roedd hwn yn gweitho oddi ar y tractor, ond hyd yn oed wedyn roedd e'n waith caled ac araf. Yn aml, fydden ni ddim yn dechrau'r godro tan yn hwyr y nos, ac mi fydden ni'n cwympo'n siwps i'r gwely wedi blino'n lân.

Erbyn y 1970au, ro'n ni'n gallu fforddio prynu concrit parod. Costiodd y llwyth cyntaf £28 i ni. Cawson ni gymhorthdal o 40 y cant tuag at y dasg o wella'r lôn hir, gul, serth oedd yn arwain lawr at y fferm. Gyda llawer o gymorth gan ffrindiau a chymdogion, fe lwyddon ni i gwblhau'r dasg anferth honno mewn dau ddiwrnod a hanner. Rwy'n cofio mai diwrnod cyntaf Caroline yn yr ysgol oedd y diwrnod orffennon ni'r gwaith. Ro'n ni'n lwcus hefyd, achos fe arllwysodd y glaw am sawl diwrnod wedyn, a chreu'r lleithder oedd ei angen i'r concrit galedu. Roedd hi'n wythnos go fishi, achos fuodd tân yn simne'r gegin hefyd, diolch i'r brain a adeiladodd nyth ynddi. Yr anlwc ychwanegol oedd ein bod wedi gosod leino a phapur wal newydd yn y gegin yr wythnos gynt, a chafodd y ddau eu difetha gan y tân a'r dŵr. Byddai yswiriant y tŷ'n talu'r costau, ond gallen ni fod wedi byw heb y gwaith ychwanegol.

Roedd rhyw drafferthion wastad gyda'r anifeiliaid hefyd. Un bore yn ystod y godro, llithrodd un o'r buchod gorau, buwch Friesian goch a gwyn, wrth adael y parlwr (cyn i ni gael parlwr tandem). Rhywffordd neu'i gilydd, llwyddodd i lanio yn y cafn dŵr tu fas, a'i choesau yn yr aer. Doedd dim amdani ond mynd ati gyda gordd a bwrw'r cafn yn yfflon. Llwyddodd hyn i'w rhyddhau, a diolch byth doedd hi ddim gwaeth o'i phrofiad.

Flynyddoedd wedyn, ar ôl i ni adeiladu'r pydew slyri, ro'n ni'n gweitho ar y clos pan welson ni Terry, ein gweithiwr fferm, yn rhedeg i nôl rhaff o un o'r adeiladau a diflannu i gyfeiriad y pydew slyri heb ddweud gair. Ro'n ni'n gwybod ar unwaith bod rhywbeth o'i le, a phan gyrhaeddon ni'r pydew, dyna lle we'dd Terry'n treial achub un o'r ddau fochyn oedd gyda ni ar y pryd. Roedd hi'n rheol aur fod iet y pydew i fod i gael ei chau ar unwaith ar ôl llwytho'r tancer, ond y tro hwn roedd Terry wedi anghofio am eiliad, ac roedd un o'r moch wedi gweld ei gyfle a mynd i archwilio'r ardal waharddedig hon. Ac wrth gwrs, roedd e wedi cwympo i mewn i'r pwll a thrwy'r crwst twyllodrus o feddal ar yr wyneb. Ro'n ni yno mewn pryd i helpu gyda'r rhaff, eiliadau cyn bod y mochyn yn diflannu mewn i'r hylif ffiaidd. Llwyddon ni i gael y rhaff o'i amgylch a'i lusgo i'r ochr. Roedd y mochyn i'w weld yn iawn er gwaetha'r hunllef, ond roedd e'n drewi am wythnosau wedyn! Ro'n i'n amau braidd, os na fydden ni wedi gweld Terry'n rhedeg mewn panig, a tasen ni heb lwyddo i achub y mochyn, y bydden ni wedi bod yn chwilio amdano am oriau, yn ddim callach o'i ffawd nes i ni ddraenio'r pwll fisoedd yn ddiweddarach.

Aeth y blynyddoedd heibo, ac fe ddaeth pethe'n rhwyddach wrth i ni gael mwy o offer fferm oedd yn arbed y llafur. Prynon ni barlwr godro tandem ail-law oedd wedi ei hysbysebu yn y *Farmer's Weekly*. Fe gyrhaeddodd e wedi'i labelu'n ofalus, hyd yn oed y darnau mân, felly fe lwyddon ni i'w osod yn ei le heb ryw lawer o broblemau. Ond, fel mae pob ffermwr yn 'i wybod, mae da yn greaduriaid sy'n lico'u trefn arferol, felly gawson ni frwydr i'w perswadio nhw i ddod mewn i'r parlwr newydd. Cymerodd tasg fydde fel arfer yn cymryd dwy awr wyth awr i ni'r noson honno, achos we'dd yn rhaid gwthio pob un fuwch i'w lle newydd. Hyd yn oed wedyn, gwrthododd sawl un ohonyn nhw ollwng ei llaeth. Bore trannoeth we'dd pethe ychydig bach yn well, ond fe gymerodd hi ryw wythnos iddyn nhw dderbyn y drefn newydd, ac roedd ein cynhyrchiad llaeth lawr yn sylweddol y mis cyntaf hwnnw am fod y buchod yn teimlo'n annifyr yn eu cynefin newydd.

Ffaelodd un fuwch, Anne, ddeall y drefn newydd yn llwyr, a bydde hi'n dod i mewn i'r parlwr a gwrthod mynd i'r stâl yn syth, ond wedyn byddai'n troi rownd a bacio mewn. Fuodd hi gyda ni am sawl blwyddyn a dyna wnaeth hi drwy'r cyfnod.

Flynyddoedd yn ddiweddarach, pan gynyddon ni'r fuches odro, roedd yn cymryd lawer yn rhy hir i'w godro nhw yn y parlwr tandem, ac fel llawer o ffermwyr eraill ar y pryd, cawson ni barlwr *herringbone*. Tra oedd y parlwr newydd yn cael ei osod, gorfod i ni logi parlwr symudol. Y tro hwn ro'n ni wedi dysgu'r wers, a phan oedd y parlwr newydd yn barod, bydden ni'n perswadio'r da i ddod mewn drwy roi bwyd yn y cafnau newydd, er mwyn iddyn nhw gyfarwyddo â'r drefn. Ond wnaethon ni ddim eu godro nhw nes eu bod yn hollol gartrefol yno.

Mae gaeaf caled yn creu gwaith ychwanegol i ffermwyr, ac mae'r cyffro cyntaf o weld blanced perffaith o eira disglair yn cilio'n ddigon clou. Roedd gaeaf 1983 yn arbennig o galed, yn waeth hyd yn oed na gaeaf 1963. Rhewodd yr holl bibau dŵr, a doedd gennym ni ddim dŵr yn y tŷ hyd yn oed. Roedd tipyn mwy o stoc gyda ni erbyn hyn, a we'n ni'n treulio pob dydd o fore gwyn tan nos yn godro, glanhau, bwydo a dyfrhau'r stoc i gyd. Ychydig iawn o gwsg gawson ni, yn gweitho diwrnodau hir, rhyw ddeunaw awr, dim ond i ddod i ben â'r gwaith arferol. Bob bore fe fyddai'n rhaid dadleth y parlwr cyn godro, oedd yn cymryd rhyw awr. Yn y diwedd, welson ni mai'r ateb oedd gadael y tanau trydan 'mlaen trwy'r amser. Ychydig iawn o amser oedd i fwyta hefyd, er we'n ni byth yn brin o fwyd, diolch i'r rhewgell fawr.

Roedd ein gweithiwr fferm ar y pryd yn byw yr ochr draw i Gastellnewydd Emlyn ac mi fyddai'n dod yn ffyddlon i'w waith bob dydd. Hynny yw, tan bod ei eisiau'n fwy nag erioed achos yr eira. Chlywson ni ddim gair wrtho na gweld cip ohono am ddeg diwrnod. Pan giliodd yr eira, daeth e lan i'r fferm i ofyn pryd allai e ddod 'nôl i'r gwaith. On ro'n i wedi fy nghythruddo gymaint nad oedd e wedi gwneud unrhyw ymdrech i'n cyrraedd ni, na ffonio i egluro'r sefyllfa, na holi a allen ni ddod i gwrdd ag e rywffordd, nes i fi nôl bwcedaid o ddŵr oer a'i daflu drosto. Rhuthrodd at ei gar a diflannu lan y lôn, a welson ni byth mohono fe 'to. Rwy'n siŵr petawn i'n gwneud 'na heddi, bydden i o flaen fy ngwell am ymosod arno!

Yn ôl y sôn, mae ysbryd yng Nglyneithinog, ond â bod yn onest, dwi na Gwynfor erioed wedi gweld na theimlo presenoldeb arallfydol. Mae Caroline, ar y llaw arall, yn tyngu ei bod wedi cael profiadau rhyfedd. Un noson, roedd hi ar ei phen ei hun yn y tŷ pan glywodd sŵn traed uchel yn rhedeg lawr y lôn tu allan. Roedd hi'n ffaelu gweld dim byd, ond roedd hi'n argyhoeddedig fod rhywun neu rywbeth tu fas. Roedd cymaint o ofn arni nes iddi ffonio ffrind Carwyn, Barry Phillips o Gapel Iwan, ac erfyn arno i ddod draw i aros gyda hi nes i ni ddod adre. Dro arall, roedd hi'n darllen llyfr yn y gegin pan glywodd hi rywun yn cerdded lawr y staer, ond pan gymerodd hi bip gofalus doedd neb 'na. Y chwedl yw mai ysbryd Phebi yw e, hen fenyw oedd yn berchen ar Lyneithinog ar un adeg, yn casglu'r da i'w godro yng nghanol y nos, ac mai sŵn eu carnau nhw sydd i'w glywed.

Ysbryd ai peidio, ry'n ni wedi cael ein siâr o ddrama yng

Nglyneithinog dros y blynyddoedd. Un tro, gyflogon ni
odrwr dros dro gan asiantaeth adnabyddus er mwyn i ni
gael mwy o amser i orffen prosiect adeiladu. Daeth Patrick
gyda sawl geirda penigamp, ac ro'n i hyd yn oed yn adnabod
un o'i gyn-gyflogwyr, Mrs Watts Russell, bridiwr corgis
Cymreig. Setlodd e mewn yn glou a chael ei drin fel aelod
o'r teulu. Roedd e wedi bod gyda ni am rai wythnosau pan
ddwedodd e wrthon ni fod yn rhaid iddo fynd adre i gwrdd
â rhywun, ond y byddai'n dychwelyd ymhen deuddydd.
Gyrrodd Gwynfor e i Gaerfyrddin i ddal y trên, a dim ond
pan gyrhaeddodd e 'nôl i Lyneithinog y sylweddolon ni
fod Patrick wedi mynd â'i wellingtons gydag e. Fuon ni'n
pendroni pam aeth e â nhw, ac os oedd e'n wir am ddod
'nôl, a phan aethon ni i chwilio yn ei ystafell wely roedd hi'n
wag. Ond daethon ni o hyd i nifer o ddarnau o bapur yn y
bin, ac o edrych arnyn nhw, gwelson ei fod e wedi bod yn
ymarfer copïo llofnod Gwynfor. Edrychon ni ar ein llyfr siec,
ac i ddechrau ro'n ni'n meddwl ei fod yn iawn, ond wedyn
sylweddolon ni fod tair siec ar goll o gefn y llyfr. Galwon
ni'r heddlu ar unwaith, ac aethon nhw i gwrdd â'r trên yng
Nghaerdydd – ond roedd Patrick yn un cyfrwys, ac roedd e
wedi gadael y trên yn Abertawe. Y diwrnod canlynol daeth
yr heddlu â llyfr o *mug shots* i Gwynfor edrych arno (am ryw
reswm, doedd dim hawl gen i wneud) ac o fewn dim, roedd
e wedi adnabod Patrick yn eu mysg.

Chlywson ni byth ddim byd pellach wrth yr heddlu.
Wnaethon ni ddim colled ariannol achos we'n ni'n gallu
stopio'r sieciau mewn pryd, ond fe fyddai Patrick wedi gallu
eu defnyddio i brynu nwyddau a thwyllo rhywun (roedd hyn

ymhell cyn amser cardiau gwarantu siec). Beth oedd waetha oedd fy mod i eisoes wedi rhoi geirda rhagorol i Patrick trwy'r asiantaeth a anfonodd e aton ni. Fe ysgrifennais at yr asiantaeth eto'n syth ar ôl i ni ddod i ddeall y gwirionedd, ond roedd hi'n rhy hwyr. Erbyn hynny roedd Patrick wedi symud ymlaen, a 'sdim dowt y bydde fe wedi gallu defnyddio'r geirda i sicrhau ei swydd nesaf.

O ran y caws, ychydig iawn o achosion o ladrata sydd wedi bod, ac roedd y rheiny yn y dyddiau cynnar yn bennaf. Doeddwn i byth yn cadw llawer o arian yn siop y fferm, ac yn aml fydden ni'n gorfod rhedeg i'r tŷ i chwilio am newid. Roedd un cwsmer rheolaidd yn cyrraedd y clos mewn car Chatsworth gwyn bendigedig, ond dechreuon ni sylwi bod un neu ddau o'r cawsiau bach wedi mynd ar goll ar ôl pob ymweliad ganddi. Mi fyddai hi wastad yn talu â phapur degpunt, felly bydden i wastad yn gorfod mynd i'r tŷ i nôl newid, a'i gadael hi yn y siop ar ei phen ei hun. Y tro nesa daeth hi, gwnes i'n siŵr fod digon o newid gyda fi yn y siop, ac ar ôl iddi brynu'i chaws, cerddais at y car gyda hi. Edrychais yn ofalus ar rif cofrestu'r car a gofynnodd i fi ar beth o'n i'n syllu. Ddwedes i ddim gair, ond rwy'n amau iddi ddeall yn iawn achos wnaeth hi fyth alw 'to.

Roedd tro arall yn fwy gofidus achos cafodd dau focs elusennol eu dwyn. Ro'n ni'n gwybod eu bod nhw wedi cael eu dwyn o fewn byr amser i'w gilydd, ac roedd ganddon ni amheuon cryf pwy oedd y tramgwyddwr – ond doedd ganddon ni ddim ffordd o fynd ar ei drywydd. Ro'n i'n teimlo'n hynod euog ac yn credu bod dyletswydd arna i i roi'r arian cyfatebol i'r elusennau fel nad oedden nhw ar eu colled.

Wrth i'n buches odro gynyddu, roedd angen tir ychwanegol arnon ni. Fe lwyddon ni i sicrhau tir pori dros yr haf yn fferm Penlôn yng Nghastellnewydd Emlyn, a we'n ni'n lwcus, achos roedd y perchennog, Victor Adams (dim perthynas!) yn edrych ar ôl y da fel petai'n edrych ar ôl ei stoc ei hunan. Daethon ni'n ffrindie da gydag e a'i wraig Celia a rhentu'r tir wrthyn nhw nes iddyn nhw ymddeol.

Roedd hefyd angen prynu gwair i mewn, a'n harfer oedd prynu'r gwair yn syth oddi ar y cae. Ond un tro achosodd hyn gryn drwbl i ni. Ro'n ni wedi prynu gwair wedi'i fyrnu am bris rhesymol iawn o ugain ceiniog y bwrn gan fferm rai milltiroedd i ffwrdd. Aethon ni i gasglu'r gwair, ac yn ffodus iawn, cawson ni help gan ffrindiau, Charles Green o Graig y Fuwch a Brian a Hettie Davies o Fwlchyffin. Roedd Gwynfor wedi gofyn i'r ffermwr fod yn bresennol er mwyn i ni gyfri'r byrnau gyda'n gilydd a'i dalu, ond ddaeth e ddim draw, felly danfonon ni'r siec ymlaen ato. Ond ychydig wedi hyn, cawson ni lythyr yn mynnu £4 ychwanegol am ei fod e'n anghytuno â nifer y byrnau ro'n ni wedi'u casglu. Nid y swm oedd yn ein poeni ni, ond y ffaith ei fod yn ein hamau ni. Cynigion ni iddo gael dod i gyfri'r byrnau yn y sièd wair, ond gwrthododd. Cafwyd gohebiaeth bellach helaeth wrtho nes yn y diwedd dwedais i wrth Gwynfor, 'Er mwyn Duw, gad i ni dalu'r £4 i roi diwedd ar y peth.' Fe gytunodd, a danfonais i'r siec.

Ond nid dyna ddiwedd y stori. Er mawr syndod i ni, daeth y siec yn ei hôl, gyda nodyn yn egluro taw gan mai fi, ac nid Gwynfor, oedd wedi arwyddo'r siec, doedd e ddim yn fodlon ei derbyn. Doedd hyn ddim yn gwneud unrhyw synnwyr o gwbl, wrth gwrs. Fe benderfynon ni adael pethe fel yr o'n nhw achos do'n ni ddim yn teimlo bod llawer mwy gallen ni ei wneud. Bu tawelwch am rai misoedd, nes i Gwynfor a fi weld y ffermwr yn cerdded lawr y stryd yng Nghaerfyrddin. Er mwyn osgoi unrhyw gwmpad mas cyhoeddus, croeson ni'r ffordd er mwyn ei osgoi. O fewn dyddie, cawson ni lythyr yn dweud bod Gwynfor wedi ei anwybyddu ac mi fydde fe nawr yn danfon gwŷs llys aton ni er mwyn hawlio'r swm ychwanegol. Roedd e'n driw i'w air ac ymhen dim fe ddaeth y wŷs o'r Llys Sirol. Doeddwn i erioed wedi bod i'r cwrt o'r blaen ac roedd yn siom ac yn ofid. Do'n ni ddim yn gyfarwydd â materion llys, felly penderfynon ni gyflogi cyfreithiwr i edrych ar ôl pob dim. Gwrthododd ein cyfreithwr arferol yng Nghaerfyrddin dderbyn yr achos ar ôl clywed y manylion, ond fe ofynnais wedyn i gwmni arall yn Aberteifi a chytunodd un o'r partneriaid i'n hamddiffyn ni.

Fel unrhyw achos llys, bach a mawr, mae trefn bendant i bethau ac mae gofyn cadw ati. Mae bron yn amhosib credu, ond ffaelodd ein cyfreithwr ddychwelyd y dogfennau priodol o fewn y terfyn amser, a phetaen ni heb gysylltu â Chlerc y Llys mi fydden ni wedi colli'r achos trwy ddiffygdalu. Doedd dim amdani ond ein hamddiffyn ein hunain, a chawson ni amser ychwanegol i baratoi'n hachos. Roeddwn i'n gwbl ddibrofiad mewn materion cyfreithiol ac fe wnes fy ngorau i gyflwyno'n amddiffyniad – hales i oriau'n pori trwy ddogfennau'r cwrt a gofidio am y canlyniad. Gorfod i ni dyngu ar ein llw ein bod dim ond wedi cymryd y nifer o fyrnau ro'n ni wedi talu amdanyn nhw. Daeth ein tystion i'r llys i siarad ar ein rhan. Wnaeth unig dyst yr ochr arall ddim troi lan. Ar ôl i'r barnwr fynd drwy'r holl dystiolaeth, roedd yn rhyddhad enfawr pan ddyfarnodd e o'n plaid, a dweud wrth yr achwynwr, 'These people are not criminals. There is no doubt in my mind that they are telling the truth.' Ro'n ni'n orfoleddus ac yn hynod falch fod ein enw da wedi cael ei amddiffyn, ac y bydden ni'n osgoi unrhyw benawdau anffafriol yn y papur newydd. Gwnes gais am ein costau, ac er mawr syndod i mi, danfonodd yr achwynwr y swm llawn ata i bron yn syth – swm oedd yn llawer mwy na'r £4 a gychwynnodd yr holl bennod anffodus – ac o'r diwedd, daeth y mater i ben.

Felly aeth bywyd fferm Glyneithinog yn ei flaen – y gwaith beunyddiol ac ambell ddrama fan hyn a fan 'co. Dros gyfnod o ugain mlynedd roedden ni wedi ychwanegu'n sylweddol at faint y fferm ac at y fuches. Cafodd Carwyn ei eni yn 1973, felly rhwng y plant a'r fferm roedd bywyd yn fishi ond yn foddhaol. Ond ar ddechrau'r 1980au, daeth ergyd enfawr a fyddai'n newid y diwydiant llaeth – a'n bywydau ni yn y pen draw – am byth.

Carwyn yn fis oed gyda'i chwaer fawr falch

Ysbryd Glyneithinog

Hen fenyw Glyneithinog
    yn galed fel y wal,
didoreth oedd ei ffermio
    a'i godro yn ddi-ddal;
fe fyddai rhai'n ei chlywed
    yn galw'r da i'r clos,
efallai ganol bore,
    efallai ganol nos.

'Drwy fach! Drwy fach!'
A'r hen Gwm Cych yn atsain
    o glywed gwaedd y nos:
    'Drwy fach! Drwy fach!'

Fe aeth 'rhen wraig o'i helger
    i blith y pethau fu;
daeth teulu newydd yma
    i dwymo yr hen dŷ;
ond ambell dro fe glywid
    yn nwfn berfeddion nos
y gwartheg, fel mewn breuddwyd,
    yn dod drwy fwlch y clos.

Dôi Llinos a Myfanwy
  i'r ffenest yn ddwy fud,
a gweiddi: 'Dat! Pwy alwodd
  y da i'r clos i gyd?'
A byddai yntau'n ateb:
  'I'r gwely, ddwy ferch dda.'
Ni ddwedai, ond fe wyddai
  pwy fu yn galw'r da.

A phan fydd cŵn plwy Cenarth
  i gyd yn cysgu'n drwm,
heb neb ond ambell awel
  yn cerdded yn y cwm,
daw'r un hen lais i alw
  rhwng cloddiau'r dolydd du,
a bydd y llinyn gwartheg
  yn dirwyn at y tŷ.

  'Drwy fach! Drwy fach!'
O daw, fe ddaw hi eto
  i'w galw at y tŷ:
    'Drwy fach! Drwy fach!'

John Gwilym Jones

Cwotas a Cleopatra

Roedd anghrediniaeth ymysg ffermwyr pan ddaeth y cyhoeddiad – a gofid ofnadw. Roedd y wasg amaethyddol wedi bod yn dyfalu ers misoedd ynglŷn â chyflwyno Cwotâu Llaeth y Farchnad Gyffredin, ond mewn gwirionedd, doedd neb yn credu byddai'r fath gynllun annheg yn cael ei gyflwyno. Fe ddaeth yr ergyd ar 2 Ebrill 1984. O hynny 'mlaen, byddai ffermwyr yn wynebu treth o 10 y cant ar unrhyw laeth a gynhyrchid dros eu cwota. Yn waeth byth, roedd gofyn iddyn nhw dalu ffi o 30c y litr tuag at y gost o gludo'r llaeth 'anghyfreithlon' i ffwrdd – llaeth a fyddai, yn ôl pob tebyg, yn cael ei ddefnyddio gan yr hufenfeydd beth bynnag. A chan fod y llaeth yn cael ei ystyried yn llygrydd, roedd troi'r tap a gadael iddo ddiflannu lawr y draen yn erbyn y gyfraith. Roedd y sefyllfa i'w gweld yn anobeithiol, heb unrhyw fodd o osgoi'r gosb hon.

Pennwyd Cwota Llaeth ar gyfer pob fferm ar sail cyfanswm y llaeth a gynhyrchwyd gan y ffermwr y flwyddyn flaenorol. Roedd sefyllfa pob ffermwr yn wahanol. Doedd neb wedi cael gwybod tan y cyhoeddiad yn 1984 pa mor dyngedfennol oedd y llaeth a gynhyrchwyd ganddyn nhw yn 1983, a neb felly wedi gallu paratoi. I rai, roedd y cwota a roddwyd iddyn nhw'n drychinebus, er enghraifft, os o'n nhw wedi cael blwyddyn wael yn 1983. Roedd gan rai ffermwyr gyfran uchel o heffrod yn dod i mewn i'r fuches y flwyddyn honno, a fyddai'n cynhyrchu llai o laeth na'r gwartheg mwy aeddfed. Roedd rhai eraill wedi cael sêl leihau yn y flwyddyn hollbwysig honno. O'n rhan ni, cawson ni flwyddyn ddigon gyffredin yn 1983, dim gwaeth na gwell na'r arfer – ond roedd toriad o ddeg y cant o'n cynhyrchiad yn siŵr o gael effaith ar lefel ein helw.

I leddfu rhywfaint ar yr ergyd, cyflwynwyd y Cynllun Llaeth (Ymadael) Atodol gan y Weinyddiaeth Amaethyddiaeth, Pysgodfeydd a Ffermio (MAFF). Ar yr olwg gyntaf, roedd y cynllun i'w weld yn cynnig achubiaeth i lawer o ffermwyr, ond o'i ddarllen yn fwy manwl roedd yn amlwg nad oedd hi'n fargen cystal â hynny. Rhoddwyd swm o arian i'r ffermwr am werth y Cwota os oedden nhw'n fodlon ildio'r Cwota a glustnodwyd iddyn nhw. Fel rhan o'r fargen, roedd gofyn iddyn nhw ymrwymo i beidio â dychwelyd i gynhyrchu llaeth. Er mai'r gobaith oedd y byddai'r cynllun yn cynnig cymorth i ffermwyr tlawd, ychydig iawn ymunodd ag e yn y wlad hon. Mewn gwirionedd, roedd yn apelio dim ond at ffermwyr oedd ar fin ymddeol, neu rai oedd yn y fath ffwdan ariannol fel mai dyma'r unig ddewis oedd ganddyn nhw. Y peth olaf roedd ar y mwyafrif o ffermwyr ei eisiau oedd gollwng yr hawl i ail-ddechrau cynhyrchu llaeth yn y dyfodol, yn enwedig gan eu bod nhw'n amddifadu'r genhedlaeth nesaf o'r cyfle i wneud hynny o ganlyniad. Roedd 'na deimlad hefyd na fyddai'r un rheolau'n cael eu gweithredu ar draws gwledydd y Farchnad Gyffredin, fel oedd hi ar y pryd, ac mai'r DU fyddai'r unig wlad fyddai'n cadw at y gyfraith.

Yn ogystal, fe ddisgynnodd prisiau gwartheg oherwydd y diffyg hyder a'r diffyg galw. Roedd ganddon ni ryw ddeugain o heffrod oedd i fwrw lloi y flwyddyn gyntaf honno, ond yn hytrach na derbyn prisiau isel, fe benderfynon ni beidio â'u gwerthu. O ganlyniad, cawson nhw eu cadw a'u bwydo ar borfa gydag ychydig iawn o fwyd ychwanegol er mwyn ceisio cyfyngu ar faint o laeth fydden nhw'n ei gynhyrchu.

Ymhen amser, datblygodd gwerth ariannol y Cwotas ac fe ddaethon nhw'n adnodd masnachol gwerthfawr. Rwy'n cofio darllen erthygl am y cynllun cwotas yng Nghanada, ac o'n i'n ffaelu credu'r prisiau oedd yn cael eu talu amdanyn nhw. Ond yn y pen draw, digwyddodd yr un peth yn y wlad hon, a daeth prynu a gwerthu cwotas yn fusnes mawr, gyda broceriaid yn sefydlu busnesau llewyrchus ar sail hyn.

Yn eironig, nid oedd raid i ffermwyr y Deyrnas Unedig dalu treth yn y flwyddyn gyntaf. Roedd cymaint o ofn ar ffermwyr nes i bawb weithredu mesurau llym i sicrhau na fydden nhw'n mynd dros eu cwota a gorfod wynebu'r dreth. Newidiwyd patrymau bwydo, a rhoddwyd lawer llai o ddwysfwyd er mwyn lleihau faint o laeth fyddai'r fuwch yn ei gynhyrchu. Fe daflodd rhai ffermwyr y llaeth oedd dros ben i'r pydew slyri. Dechreuon ni – ac eraill – fwydo llaeth ffres i'r lloi yn hytrach na phrynu powdr llaeth amnewid iddyn nhw. Canlyniad annisgwyl hyn – ond un anochel o edrych 'nôl – oedd cael effaith yr un mor galed ar fusnesau ag ar y ffermwyr eu hunain, yn bennaf y rhai we'dd yn cyflenwi nwyddau fel gwrtaith, bwyd amaethyddol, peiriannau fferm ac ati. Roedd pawb yn y gadwyn gyflenwi'n teimlo'r straen wrth i ffermwyr orfod ymdopi â'r drefn newydd.

Wrth gwrs, crëwyd nifer o swyddi newydd ar gyfer y gweision sifil oedd yn gorfod gweinyddu'r cynllun Cwotas, a chynyddodd nifer y ffurflenni oedd angen eu llenwi. Roedd hi'n faich ychwanegol sylweddol i fusnes bach fel ein busnes ni. Ar ddiwedd y flwyddyn gwota, roedd yn rhaid llenwi ffurflen faith yn rhoi gwybodaeth fanwl iawn am yr holl laeth oedd wedi cael ei gynhyrchu. Fe fyddai swyddog yn teithio lawr o Reading neu Fryste a threulio rhan dda o'r dydd yn gwirio'r ffigyrau yn erbyn ein gwaith papur ni. Roedd e wastad yn ofid ein bod ni wedi camgyfrif y ffigyrau oherwydd roedd hyn yn arwain at ddirwy drom. Roedd yn rhyddhad enfawr bob tro i weld ei gar e'n diflannu lan y lôn am flwyddyn arall.

Yn sgil cyflwyno Cwotas daeth grŵp o ffermwyr lleol ynghyd a galw'u hunain yn 'Dyfed Farmers Group'. Fe ymaelododd Gwynfor a minnau, a mynd i sawl cyfarfod protest o gwmpas gorllewin Cymru. Fe aethon ni dros y ffin i Loegr hefyd, a chynnal protest heddychlon ym mhencadlys Anchor Foods yn Swindon. Doedd gennym ni ddim cweryl uniongyrchol gyda ffermwyr Seland Newydd, ond os oedd Cwotas yn bodoli o achos ein bod ni'n gor-gynhyrchu llaeth, pam roedd hawl mewnforio cynnyrch llaeth? Mewn gwirionedd, er gwaetha'r sôn am 'Lyn Llaeth' y Farchnad Gyffredin, a ddaeth yn hwyrach i fod yn rhan o'r Undeb Ewropeaidd, doedd y DU ei hun ond yn wythdeg wyth y cant hunan-gynaliadwy mewn cynnyrch llaethdy.

Ysgrifennais lythyr at y Tywysog Charles, hyd yn oed, yn egluro'r anghyfiawnderau hyn – ro'n i'n siŵr y bydde fe'n cydymdeimlo. Des i 'nôl o Gaerfyrddin ryw ddiwrnod ac roedd nodyn ar y pad papur ar bwys y ffôn yn dweud: 'Telephone call from Buckingham Palace – please ring back'. Roedd sawl ebychnod mawr yn dilyn y neges. Roedd e'n dangos bod hyd yn oed unigolyn cyffredin fel fi'n gallu dal sylw pobl bwysicaf y wlad pan fydd yr achos yn un dilys.

Un o brif bryderon y 'Dyfed Farmers Group' oedd ei fod yn anodd trosglwyddo'n neges i'r cyhoedd. Roedd angen dod o hyd i ffyrdd o ddal dychymyg pobl gyffredin y tu hwnt i fyd amaeth – y cwsmeriaid a dweud y gwir. Bues i'n meddwl tipyn am hyn cyn llunio syniad hollol ddwl a phryfoclyd, ond un a fyddai'n tynnu sylw at yr achos os dim byd arall. Cysylltais â ffrind a chymdoges, Mrs Ena George, ac awgrymu y dylen ni gynllunio gwrthdystiad wedi ei seilio ar stori Cleopatra, Brenhines yr Aifft, oedd yn adnabyddus am ymolchi mewn llaeth. Y neges oedd ei bod hi'n rhatach i ymolchi mewn llaeth nac mewn dŵr, diolch i'r Cwotas. Roedd Ena'n frwdfrydig am y syniad ac aeth y ddwy ohonon ati i ledaenu'r neges. A chyn hir, we'n ni wedi ricriwtio naw menyw ddewr arall i gymryd rhan yn ein protest arbennig, gan gynnwys un ferch ysgol ac un wraig feichiog.

Aethom ati i wneud wigiau o wlân du, a chawsom sawl cyfarfod i drefnu'r daith ac ysgrifennu sloganau. Aethon ni i Gaerfyrddin ac ardaloedd lleol eraill yn rhoi hysbysiadau i fyny'n cyhoeddi'r cynlluniau am y daith ac yn gofyn am gefnogaeth – cawsom wybod wedyn bod nifer o'r rhain wedi cael eu tynnu lawr bron cyn gynted ag yr oedden nhw wedi mynd lan, er bod y cynnwys yn ddigon diniwed. Cafodd y llaeth a'r baddonau eu darparu gan ffermwyr lleol, y mwyafrif wedi eu cymryd o'r caeau lle fydden nhw fel arfer yn cael eu defnyddio fel cafnau dŵr i'r stoc. Cafodd y baddonau eu golchi'n frysiog a'u rhoi ar drelars tu cefn i dractorau a'u llenwi â llaeth.

Ro'n ni wedi llogi bws mini i deithio i Gaerfyrddin. Y funud gyrhaeddon ni yno, fe welson ni fod aelodau o'r wasg yn disgwyl amdanon ni, ac fe fynnon nhw ein bod yn rhoi cyfweliad iddyn nhw yn y fan a'r lle. Yn y pen draw, cawsom wneud ein ffordd drwy'r dorf i gymryd ein lle yn gorwedd yn y baddonau. Roedd yn sicr yn sioc i'r system i eistedd lawr yn y llaeth oer, ond cyn pen dim ro'n i'n barod am unrhyw beth wrth i ni ddechrau'r daith drwy'r dref.

Teithiwyd yn araf trwy Gaerfyrddin, rhyw wythdeg tractor i gyd, yn achosi dryswch llwyr yng nghanol y dref. Fe aethon ni heibio i'r hen ysbyty ar Heol y Prior lle

Ffotograff: Emyr Rhys Williams

Y gwragedd dewr yn eu gwisgoedd Cleopatra

75

Fi fel Cleopatra yn fy màth o laeth

gafodd Caroline ei geni, ond sydd nawr wedi cau, a phan gyrhaeddon ni swyddfeydd MAFF, daethom i stop. Daeth rhywun o hyd i uchelseinydd a rhoddwyd araith fywiog gan y diweddar Haydn Jones cyn i ni barhau ar ein ffordd drwy'r dref. Drwy gydol y daith roedd y wasg yn ein dilyn wedi'u cyffroi.

Rwy'n cofio'r Parchedig Aled Gwyn, oedd yno ar ran y BBC, yn neidio ar fy nhrelar i a 'nghyfweld i; cyn y diwrnod hynny, we'n i 'rioed wedi agor fy ngheg yn gyhoeddus, wel, ddim ers y tro hwnnw yn Ysgol Gynradd Tegryn, heb sôn am roi cyfweliad i'r wasg.

Er ei bod hi'n fis Mai, roedd hi'n gythreulig o oer i ni ferched, ond cawson ni'n twymo gan y gefnogaeth, ac hefyd gan wisgi bach ar ddiwedd y daith, diolch i Mrs Marion Davies o Fferm Glanmamog, a alwodd mewn tafarn gyfagos a phrynu un i bob un ohonom.

Ni'r Cleopatras gafodd y sylw i gyd, ond roedd y dynion hefyd wedi rhoi ymdrech ryfedda i'r diwrnod, yn paratoi'r trelars a'r baddonau a'r llaeth ac ati, a hebddyn nhw fyddai'r orymdaith ddim wedi digwydd. Roedd taith hir adre iddyn nhw hefyd, ryw ugain milltir araf mewn tractor a threlar.

Roedd Gwynfor a minne wedi cael gwahoddiad i fynd i stiwdio deledu'r dref ar ddiwedd y daith, ond fe gollais fy hyder ar y funud ola pan sylweddolais fy mod i wedi anghofio dod â dillad i newid iddyn nhw. Roedd eistedd mewn bath a'r llaeth yn cwato'r rhan fwyaf ohonof yn un peth, ond roedd eistedd mewn stiwdio deledu yn gwisgo'r nesa peth i ddim yn hollol wahanol!

Pan gyrhaeddon ni adref, roedd y ffôn yn danboeth a phobl ddi-ri yn ffonio i ddiolch i ni, a'r noson honno o leia roedd pob un alwad yn gefnogol. Roedd y diwrnod wedi mynd yn hwylus, ac erbyn tua deg o'r gloch ro'n i wedi blino'n siwps ar ôl yr holl gyffro – felly, am y tro cyntaf, a'r tro olaf erioed, dyma dynnu'r ffôn oddi ar y bachyn a ffwrdd â ni i'r gwely.

Yn sicr fe lwyddon ni i gael y neges wedi'i chlywed y diwrnod hwnnw. Bu adroddiadau am yr orymdaith yn y wasg leol ac yn y wasg genedlaethol. Roedd yn ganlyniad boddhaus. Serch hyn, wrth gwrs, ro'n ni'n gwybod na fyddai un brotest, er mor llwyddiannus, fyth yn newid penderfyniad brysiog gan fiwrocratiaid unllygeidiog oedd heb ddim amgyffred o'r caledi fyddai eu penderfyniad yn ei achosi i ffermwyr oedd eisoes yn dioddef oherwydd prisiau gwael am eu cynnyrch.

Ond os dim arall, fe lwyddodd y digwyddiad i roi ychydig o oleuni i ni mewn cyfnod go dywyll, ac hefyd i greu teimlad o undod ymysg y rhai oedd wedi ymuno â'r peth. Yn sicr, cawson ni lawer o sbort gyda'r paratoadau yn ystod y diwrnodau o flaen llaw, ac ar y diwrnod ei hun. Gan fod ein gorymdaith drwy'r dref yn gorffen yn Ysbyty Meddwl Dewi Sant, awgrymodd un wâg y dylen ni i gyd gael ein derbyn yno fel cleifion.

Nid pawb oedd yn hapus â'n protest, wrth gwrs. Roedd yr heddlu lleol wedi cael gwybod am y gwrthdystiad ymlaen llaw, ond doedden nhw – na ni – ddim wedi disgwyl y fath gefnogaeth ar y dydd. Roedd rhai o fewn y gymuned amaethyddol leol hefyd yn anghytuno â'r hyn ro'n ni'n ei wneud. Bydden ni'n clywed rhyw bwt o sgwrs fan hyn a fan 'co, byth yn fy wyneb, ond yn ddigon uchel i sicrhau fy mod i'n clywed yr hyn we'dd yn cael ei ddweud. Y peth rhyfedd oedd fod y sylwadau 'ma 'n cael eu gwneud gan bobl oedd yn teimlo effeithiau negyddol y Cwotas lawer mwy nag o'n ni. Fe ges i hefyd gyfres o lythyrau anhysbys. Awgrymodd un ohonyn nhw y dylwn i gael fy moddi yn y bath o laeth. Fel nifer o ffermwyr eraill, gwnes fy siâr o ysgrifennu at y wasg ynglŷn ag anghyfiawnder trefn y Cwotas. Er fy mod yn ysgrifennu pethau gweddol ddiniwed, fel ceisio annog y cyhoedd i brynu menyn Cymreig oherwydd ei ansawdd uchel a'i gynhwysion naturiol, nid fel y margarîn oedd yn cynyddu mewn poblogrwydd ar y pryd, ysgogodd y rhain lythyrau dienw pellach. Erbyn hyn, roedd boddi yn y bath yn annigonol, a'r awgrym oedd y dylwn i gael fy moddi yn y Llyn Llaeth Ewropeaidd ei hun. Roedd pwy bynnag oedd yn ysgrifennu wedi anghofio taw ffermwyr Ewrop, nid rhai y DU, oedd wedi creu'r llyn honedig hwnnw. Roedd e'n awgrymu hefyd bod bwyta menyn Cymreig yn eich gwneud yn salw. Doedd y llythyrau ddim yn ein poeni; gwneud i ni chwerthin wnaethon nhw'n fwy na dim.

Bu cyfnod o alwadau ffôn anhysbys yn ogystal. Yr unig bryd gefais fy ypsetio oedd pan ganodd y ffôn a dywedodd y llais benywaidd ar y pen arall wrtha i mewn llais trist fod Gwynfor wedi cael damwain car ac wedi bwrw i mewn i'w chwaer a'i lladd. Rhoddodd y ffôn i lawr yn syth wedi dweud hyn. Doedd Gwynfor ddim gartre ar y pryd ac ro'n i'n llawn gofid – roedd yn rhyddad enfawr i'w glywed e'n cyrraedd 'nôl ar y clos yn canu wrtho'i hunan yn hapus. Fe brynon ni beiriant ateb ar ôl hyn, a'r tro nesa ffoniodd y person, we'n ni'n gallu recordio'r drafodaeth amhleserus. Wnaethon ni fyth ddarganfod pwy oedd wrth wraidd y galwadau hyn, ond yn y pen draw fe ddaethon nhw i ben.

Un o'r datblygiadau swreal a ddaeth yn sgil y ffaith ein bod ni'n ymwneud â'r 'Dyfed Farmers Group' oedd ein bod ni'n siŵr bod ein ffôn wedi ei fygio. Byddai cliciau rhyfedd yn ystod galwadau, ac yn aml, ni fyddai'r ffôn yn gweithio, a hynny heb ddim eglurhad amlwg, fel tywydd gwael. Bydde fe'n cael ei drwsio a byddai'r llinell yn glir am gyfnod, ac wedyn bydde fe'n mynd 'to. Un tro, daeth peiriannydd allan i'r fferm, a dweud bod dyn dieithr rhyfedd wedi galw yn y gyfnewidfa a holi ynglŷn â'n llinell ffôn ni. Roedd y peiriannydd yn ffaelu deall pam roedd y dyn yn gofyn unrhyw beth am ffôn Glyneithinog. Rai misoedd yn ddiweddarach, roedd y ffôn ar y blinc unwaith yn rhagor, a daeth yr un peiriannydd allan i wneud y gwaith. Soniodd eto am y dieithryn yn y gyfnewidfa, a dweud bod gan y dyn reswm dilys dros wneud ymholiadau am ein ffôn. Ro'n ni wedi hen anghofio am y peth, ac roedd yn amlwg i fi fod y peiriannydd wedi cael cyfarwyddyd i ddweud hyn wrthom. Ar achlysur arall, ro'n i'n cael fy nghyfweld dros y ffôn gan Radio Cymru a digwyddais sôn am fy nrwgdybiaeth ynglŷn â'r ffôn yn cael ei fygio, pan aeth y lein yn farw yn sydyn a ches i fyth ddweud fy stori. Os oedd pobl gyffredin fel ni'n destun gwyliadwriaeth o'r fath, mae'n rhwydd credu bod pobl wleidyddol yn cael eu monitro'n agos.

Cafodd nifer o syniadau eraill eu crybwyll er mwyn denu sylw at achos y ffermwyr. Un oedd galw ar holl ffermwyr yr ardal i ymatal rhag cyflenwi llaeth i'r hufenfeydd am un diwrnod gyda'r nod o greu prinder. I fod yn effeithiol, roedd

gofyn cael cefnogaeth cant y cant gan bob un ffermwr.
Ond, efallai'n ddealladwy, chafwyd mo hyn, felly roedd yn
weithredu aneffeithiol a braidd yn siomedig. Wrth gwrs,
roedd angen i ni'r ffermwyr oedd wedi cadw'r llaeth 'nôl
am y diwrnod wneud rhywbeth ag e. Roedd ganddon ni
lawer o alwyni, a gorfod i ni eu storio mewn pob math
o gynwysyddion. Roedd hyd yn oed y bath, yr un iawn
yn y tŷ'r tro 'ma, yn llawn dop. Fe benderfynon ni achub
ar y sefyllfa drwy wneud menyn ar ôl sgimo top y llaeth,
sef yr hufen wrth gwrs. Roedd ganddon ni hen gorddwr
menyn, a gyda digon o nerth bôn braich cawsom fenyn
digon derbyniol. Roedd angen cael gwared o'r llaeth wedi'i
sgimio oedd dros ben ar ôl gwneud y menyn, felly, ar hast,
fe brynon ni dorraid o foch bach i yfed y llaeth sgim. Ar ôl
hyn, parhawyd i fwydo'r llaeth oedd dros y cwota i'r moch,
ond doedd hyn ddim yn llwyddiant, achos aeth y moch yn
rhy dew a chawson ni ddim pris da amdanyn nhw.

Ro'n ni'n benderfynol o beidio â gwastraffu'r llaeth oedd
dros y cwota – roedd hyn yn groes i'r graen yn llwyr. Ro'n
ni hefyd am osgoi talu 30c y litr i'w gludo o 'ma. Ar un adeg
fe brynon ni beiriant golchi Hotpoint ail-law, a chredwch
neu beidio, wnaethon ni fenyn hollol dderbyniol ynddo, gan
ddefnyddio'r rhaglen olch arferol! Wrth gwrs, werthon ni mo
hwnnw, ond roedd y teulu'n ei fwyta'n awchus.

Dechreuodd ein cymdogion, Eifion ac Ena George o
Bengwern Ganol, roi'r llaeth oedd ganddyn nhw dros ben
i bobl leol yn rhad ac am ddim. Y bwriad oedd annog pobl
i ddefnyddio'r llaeth ychwanegol i wneud pwdinau ac ati
fel y bydden nhw'n mynd i'r arfer o archebu mwy o laeth –

ond wrth gwrs, fel bydd pobl, yr hyn wnaethon nhw oedd
y gwrthwyneb yn llwyr, a stopio'u harcheb arferol o laeth
gan y dyn llaeth lleol. Doedd hwnnw ddim yn hapus, felly
fe roddwyd stop ar yr arfer caredig hwn ond fe wnaeth, o
leiaf, gael sylw yn y papurau newydd a hyd yn oed darn ar
y teledu. Yn y pen draw, ymfudodd Eifion ac Ena, ynghyd
â'u plant, Kevin, Helen a Siân, i Ganada, lle maen nhw wedi
llwyddo, ond gollon ni deulu ifanc Cymreig, gweithgar.

Yn sicr, achosodd cyflwyno Cwotas Llaeth dorcalon,
siom a chaledi yng ngorllewin Cymru. Roedd grŵp o
fiwrocratiaid â chyflogau swmpus mewn swyddfeydd crand
ym Mrwsel wedi cyflwyno deddfau newydd mewn modd
hollol fympwyol a heb unrhyw ystyriaeth o'r difrod enbyd
oedden nhw'n ei achosi i fywoliaeth pobl wledig gyffredin.
Ond roedd Gwynfor a minne'n benderfynol na fydden
nhw'n distrywio'n cynlluniau ni am y dyfodol.

Ym mis Medi 1985 roedd Antur Teifi, asiantaeth fenter
leol, yn cynnig cwrs chwe wythnos 'Cyfleoedd Ehangach i
Fenywod' yn rhad ac am ddim. Prif fwriad y cwrs oedd annog
menywod hŷn i fynd 'nôl i'r gweithle ar ôl treulio amser yn
magu teulu. Ro'n i'n meddwl ei fod yn syniad da i fanteisio
ar y cwrs ac fe gofrestrais. Roedd yn gwrs cyhwysfawr ac
fe ddysgon ni bob math o sgiliau newydd mewn pynciau
amrywiol, gan gynnwys cwrs sylfaenol ar gyfrifiaduron – a
chredwch neu beidio, sut i eistedd mewn modd boneddigaidd.

Ar yr adeg hyn ro'n i eisoes yn gwneud ychydig o gaws
i'r teulu ac fe es i â samplau mewn i bawb eu blasu, a ches i
ymateb da. Fe ges i fy annog i feddwl o ddifrif am ddechrau
fy musnes fy hun. Hyd yn oed cyn y Cwotas, bydden i'n

gwneud caws meddal syml i'r teulu, ac yn sicr roedd gen i ddiddordeb, er fy mod i'n brin o sgiliau. Ac wrth gwrs, roedd hanes teuluol o wneud caws, yn fy nheulu i ac yn nheulu Gwynfor, yn mynd 'nôl dros ddwy genhedlaeth. Mi fydden i'n gwylio Mam yn gwneud ei chaws Caerffili o'r llaeth oedd dros ben pan oedd y ddwy fuwch yn cynhyrchu'n dda. Byddai Nhad yn bwrw tyllau mewn hen duniau mawr corn bîff er mwyn gwneud mowldiau caws – elfennol iawn o'u cymharu â'r mowldiau modern sydd ar gael erbyn hyn – ond hyd yn oed gyda'r offer cyntefig hwn roedd y caws ei hun yn blasu'n dda. Math o gaws Caerffili gwyn, meddal a briwsionllyd oedd e. Yn aml, fydden ni blant yn cripad mewn i'r pantri pan na fyddai'r oedolion yn gwylio ac yn helpu'n hunain i gwlffau mowr o gaws bendigedig.

Mwynheais i bob munud o'r cwrs a'i orffen mewn meddylfryd positif. Roedd y cwrs hefyd yn cynnwys dau ddiwrnod o brofiad gwaith, a ches fy anfon i weithio yn nhafarn y Lamb, Llangeler, sy'n eironig o ystyried fy magwraeth – a fy anfodlonrwydd fel croten ifanc i weithio ym Mhantyblaidd. Roedd y profiad gwaith yn digwydd ar yr un adeg â digwyddiad nodedig arall – naid parasiwt ym maes awyrennau Abertawe! Mewn eiliad o ffolineb – ac ar ôl un neu ddau wydraid o win – ro'n ni wedi addo gwneud y naid gyda grŵp o bobl leol. Roedd Caroline, y ferch, wedi gwneud naid debyg ryw flwyddyn neu ddwy ynghynt ac wedi mwynhau'r profiad. Ac os oedd Caroline yn mynd i neidio, we'n i ddim am golli mas. Ond deunaw oed oedd Caroline ar y pryd, a finne'n 46 mlwydd oed, felly dwi'm yn gwybod beth ddaeth dros fy mhen i gytuno.

Ond gan 'mod i wastad yn un am sialens, ymunais â'r lleill am ddiwrnod o hyfforddiant ar gyfer y dasg. Yn ystod yr hyfforddiant ro'n ni'n cael gwybod bod ein diogelwch yn ddibynnol ar wendid un corden arbennig (ie, ei gwendid, nid ei chryfder), ac os oedd hi'n torri, byddai'r parasiwt yn agor. Yn ystod yr hyfforddiant, ro'n ni hefyd yn cael ein pwyso, a'r trymaf oedd yn mynd mewn i'r awyren gyntaf fel mai nhw fyddai'r olaf i neidio. Gan mai fi oedd yr ysgafnaf – a mwy na thebyg yr hynaf – fi oedd y gyntaf i neidio. Neu'r gyntaf i gael fy ngwthio, ta beth! Ydych, ry'ch chi'n cael eich gwthio os nad y'ch chi'n mynd, achos heblaw hynny byddech chi'n difetha'r naid i bawb arall. Mewn gwirionedd, ar ôl i chi adael yr awyren, does dim amser i feddwl beth all fynd o'i le. Roedd yn deimlad anhygoel i ddisgyn o 2200 troedfedd tuag at y ddaear. Mi aeth popeth yn wych, a'r unig gamgymeriad wnes i oedd peidio â phlygu 'mhengliniau digon wrth lanio – ac fe ddihunais fore trannoeth a chlais mawr du ar fy nghoes. Ond ro'n ni mewn un darn ac yn teimlo'n iawn, felly es i wneud fy ail ddiwrnod o waith yn y Lamb. Gofynnodd un o'r cwsmeriaid yn bryderus am y clais – roedd ei hwyneb yn bictiwr pan ddwedes i 'mod i wedi'i gael e wrth neidio mas o awyren.

Nid oedd pob cwrs a fynychais cystal ag un Antur Teifi. Roedd un cwrs marchnata'n gryn bellter o gartre, ond roedd e'n edrych yn un da, felly fe danysgrifiais. Pan ddechreuais yr wythnos gyntaf roedd e'n llawn, ond erbyn yr ail sesiwn, dim ond rhyw hanner y nifer oedd yn bresennol, ac wrth i'r cwrs fynd yn ei flaen, dim ond llond llaw ohonom oedd yn dal i ffwdanu. Roedd pobl wedi gobeithio cael syniadau marchnata ymarferol, nid diagramau ar fwrdd a darlithydd llond 'i sgidiau'n parablu am 'blentyn anodd', term y tiwtor am gynnyrch oedd yn araf i ddod yn broffidiol a 'buwch ariannol', neu *cash cow*, ei derm am gynnyrch llwyddiannus. Mae'n amlwg fod y cwrs wedi'i anelu at fyfyrwyr coleg oedd angen dysgu am theori dechrau busnes, nid y sawl ohonon ni

Rwy'n edrych yn llai nerfus nag o'n i'n teimlo

Tystiolaeth 'mod i wedi cyflawni naid parasiwt!

85

oedd am glatsio bant a'i wneud e. Roedd yn fy nghythruddo i fod y peth yn fath wastraff amser – do'n i ddim yn araf i leisio fy marn chwaith.

Dechreuais i hefyd fod yn wyliadwrus o gymhellion rhai o'r ymgynghorwyr oedd yn cynnig cyngor i fi. Fe ges help gan rai ardderchog wrth gwrs, ond ambell dro, rhannais fy syniadau ag un neu ddau, dim ond i'w clywed nhw'n cael eu hail-adrodd wrth bobl eraill fel eu syniadau nhw. Ro'n i'n amau – efallai'n annheg – fy mod i a nhw'n gwybod tua'r un faint am redeg busnes a'n bod ni i fod i ddysgu gyda'n gilydd.

Ar ôl gorffen y cwrs gwreiddiol yn Antur Teifi, y cam nesaf oedd cofrestru ar gwrs nos busnes, ac yn hwn fues i'n llunio cynllun busnes. Rhedwyd y cwrs gan Mr Peter Bowen o Antur Teifi, a ddysgodd i ni am bob agwedd ar ddechrau busnes. Yn 1986, gwthiodd Mr Bowen daflen ar draws y ford tuag ata i a dweud, 'Treiwch hwn'. Roedd y daflen yn rhoi manylion am gystadleuaeth gan asiantaeth Datblygu Canolbarth Cymru, nad yw'n bodoli mwyach, a banc Barclays. Enw'r gystadleuaeth oedd 'Edible Ideas' ac roedd £5,000 ar gael i'r syniad gorau am fwyd neu ddiod. Roedd y rheolau'n gofyn am gynllun busnes ac ro'n i'n falch fy mod i eisoes wedi dechrau ar y gwaith hwnnw. Es ati bob nos ar ôl gorffen gwaith y fferm i'w ddatblygu ac i fanylu ar y ffigyrau, ac yn y diwedd aeth cynllun busnes dros ddeugain tudalen o hyd i mewn fel rhan o'r cais.

Roedd yn werth yr ymdrech, achos ymhen ychydig ces wybod fy mod i ar y rhestr fer ac wedi fy ngwahodd am gyfweliad ym mhencadlys asiantaeth Datblygu Canolbarth

Cymru yn Berner Street, Llundain. Casglodd Betty, fy chwaer, a minne, ein samplau caws ynghyd, yn ogystal ag esiamplau o'n labeli, ein pamffled a'n deunydd pacio a bant â ni ar y trên. Roedd y cês mor drwm nes i'r gyrwyr tacsi dynnu'n coes ni mai corff oedd gyda ni ynddo. Roedd y beirniaid yn cynnwys Tony Angeli, golygydd cylchgrawn *The Grocer*, a phrynwr o Marks and Spencer. Fe ges i fy holi'n drylwyr – meddyliwch am raglen *Dragon's Den* – ond fe atebais eu cwestiynau i gyd a des i mas yn gwybod fy mod i wedi gwneud fy ngorau, doed a ddelo.

Rai wythnosau'n ddiweddarach, ces i alwad ffôn i ddweud fy mod i wedi ennill! Ond roedd rhaid i fi gadw'r newyddion yn dawel oherwydd roedd embargo llym ar y newyddion tan y seremoni wobrwyo'n hwyrach yn y flwyddyn. Ar ôl cael fy magu ym Mhantyblaidd, wrth gwrs, doedd cadw cyfrinach o'r fath ddim yn broblem.

Roedd y fenter newydd ar ei ffordd.

Datblygu Caws Cenarth

Un o'r pethau cynta wnes i pan ddechreuais y busnes oedd cynllunio holiadur a'i anfon at gyfanwerthwyr caws, siopau bwyd a *delicatessens*, ac unrhyw un arall we'n i'n meddwl fyddai â diddordeb mewn prynu caws. Ro'n i am wneud fy ngwaith cartref a chael gwybod pa fath o bethau oedd ar bobl ei eisiau a beth oedd ei angen yn y farchnad. Cefais ymateb da a chael bod 'na le ar gyfer math o gaws Caerffili ffermdy oedd yn cael ei wneud yng Nghymru. Roedd hyn yn cyd-fynd yn dda â 'nghynlluniau i achos ro'n i ar ychydig o grwsâd i adfywio'i boblogrwydd. Roedd gwerthiant caws Caerffili wedi disgyn ac ro'n i'n siŵr fod hyn o achos y math o gaws gwlyb, asidig oedd yn cael ei fasgynhyrchu i'r archfarchnadoedd – we'dd e'n gwbl wahanol i'r caws blasus we'n i'n cofio Mam yn ei wneud. Pan ro'n i'n cael fy ngwahodd i Lundain gan brynwyr caws i hyrwyddo'r cynnyrch mewn siopau, roedd pobl yn aml yn gwrthod derbyn sampl o fy nghaws ar y cychwyn, gan ddweud, 'Dwi'm yn lico Caerffili'. Ond ar ôl cael eu perswadio i'w flasu, mi fydden nhw'n ddieithriad yn gwneud sylwadau ffafriol ac yn mynd bant at y cownter caws i brynu rhagor. A phenderfyniad craff we'dd e, oherwydd pan ddechreuais i farchnata'r caws yn Llundain, roedd hi'n sicr yn fantais 'mod i'n gallu cynnig caws Caerffili traddodiadol wedi'i wneud yng Nghymru. Rwy'n falch iawn o'r ffaith 'mod i wedi cael rhan fach yn adferiad y caws a'i ailsefydlu yn ei le priodol fel un o gawsiau gorau'n gwlad. Mae nifer o wneuthurwyr caws eraill yn chwifio'r faner dros gaws Caerffili Cymreig erbyn hyn.

Er 'mod i wedi gwneud caws ar raddfa fechan ar ford y gegin, os oeddwn yn mynd i fynd ati i wneud caws fel busnes, roedd angen datblygu'r adnoddau addas i'w gynhyrchu ar raddfa lawer mwy a dan amodau mwy priodol. Gwnaethom gais am grant gan y Bwrdd Datblygu Gwledig, adain o Asiantaeth Datblygu Cymru, y WDA fel we'n i'n ei alw, a chawsom £15,000 tuag at droi un o adeiladau'r fferm yn stafell gwneud caws. Roedd hi'n gyfleus am ei bod hi'n sownd wrth y parlwr godro, felly roedd modd i'r llaeth lifo'n

Glyneithinog yn barod i groesawu ymwelwyr

syth o'r parlwr i'r twba caws tra byddai'r godro'n digwydd.
Cafodd y cynlluniau eu paratoi a chwblhawyd y gwaith o
newid yr adeilad erbyn diwedd mis Mawrth 1987. Cyn hyn,
roedd yr adeilad wedi cael ei ddefnyddio'n weithdy i drwsio
peiriannau ac ati, ac roedd Gwynfor braidd yn gyndyn i'w
newid e. Ond yn y pen draw, roedd yn rhaid iddo gyfaddef
fod y trawsnewidiad stafell gaws lân a theils gwyn, disglair
ynddi'n dipyn o welliant.

Rhan bwysig o'n strategaeth o'r cychwyn oedd croesawu
ymwelwyr i'r fferm i wylio'r broses gynhyrchu, ac roedd
galeri gwylio'n rhan o gynlluniau'r adeilad newydd,
uwchben y stafell gaws. Do'n i ddim yn mynd i godi ffi ar
ymwelwyr; nid dyna oedd y bwriad. Yn hytrach, ro'n ni'n
ymwybodol o'r agweddau negyddol tuag at ffermwyr a
we'n ni'n benderfynol o daclo hyn a chael ein gweld yn rhoi
rhywbeth 'nôl. Yn aml, roedd y cyhoedd yn gweld grantiau
a chymorthdaliadau fel rhoddion o fath i ffermwyr. Roedd
hyn yn annheg, am mai'r cymorthdaliadau yma oedd yn
cadw prisiau bwyd yn rhad newn termau real i'r cwsmer. Er
mwyn annog gwell dealltwriaeth o'r sefyllfa we'n ni am greu
rhywbeth i'w rannu gyda'r cyhoedd, yn hytrach na'n bod
ni'n derbyn yr arian at ein budd ein hunain yn unig. Ro'n ni
hefyd yn gweld hwn fel cyfle i siarad â'r ymwelwyr, egluro
wrthyn nhw am y broses o wneud caws, am fywyd fferm ac
am fywyd gwledig, gan obeithio y bydden nhw'n mynd adre
â gwell syniad am yr hyn we'n ni'n ei wneud. Ro'n i hefyd yn
ymwybodol ein bod ni'n hynod ffodus i fyw mewn gwlad o
ddigon, a we'n i'n hapus i arddangos blychau elusennol yn y
ganolfan ymwelwyr, a dros y blynyddoedd fe gasglon ni swm

digon teidi. Mae'r adeilad, gyda'r galeri gwylio a'r trawstiau derw trawiadol, yn parhau i wasanaethu fel y stafell gaws, chwarter canrif yn ddiweddarach, ac mae yn y broses o gael ei ehangu eto fyth.

Fe wnes i'n fwriadol ymgynghori ag Adran Iechyd yr Amgylchedd yn lleol o'r cychwyn cyntaf er mwyn cael eu barn am yr hyn oedd ei angen yn yr adeilad newydd, a ro'n i'n hapus i dderbyn eu hawgrymiadau. Fe'u ces nhw'n gynorthwyol ac yn galonogol, a pharhau wnaeth y cydweithio o hynny 'mlaen.

Mae'n rhaid i fi gyfaddef nad oedd fy mherthynas â'r swyddfa Safonau Masnach cweit yr un mor rwydd. Pan anfones fy labeli atyn nhw i'w cymeradwyo, fe wrthwynebodd un swyddog y ffaith 'mod i wedi defnyddio'r sillafiad Cymraeg ar gyfer y caws – Caerffili, nid Caerphilly. Dyma un pwynt doeddwn i ddim yn mynd i'w ildio, ac mi fydden i wedi ymladd hyd y diwedd i amddiffyn fy hawl i ddefnyddio'r iaith ar fy labeli a'r deunydd pacio. Fe ges i gymorth a chefnogaeth Bwrdd yr Iaith, ac yn y pen draw ces i gymeradwyaeth i ddefnyddio'r labeli Cymraeg.

Dro arall, cyn i ni sefydlu'r busnes yn swyddogol, we'n i'n gwneud sypiau bach o gaws arbrofol, ond gan mai arbrofi oeddwn i, do'n i ddim wedi dechrau ei werthu. Un dydd daeth cnoc ar ddrws y ffermdy ac yno we'dd merch wedi'i gwisgo fel petai hi ar ei gwyliau, mewn ffrog haul a sandalau simsan, yn gofyn a allai brynu caws. Fe eglurais wrthi nad oedd caws ar gael, ond roedd hi'n daer. Felly, yn y diwedd, des o hyd i ychydig o gaws iddi – ac ar hynny, fe hysbysodd fi ei bod hi'n gynrychiolydd Safonau Masnach ac y byddai'r caws yn cael ei anfon bant i'w ddadansoddi. Chlywes i ddim byd pellach, felly rwy'n cymryd bod pob dim yn iawn gyda'r caws a'i fod wedi pasio'r holl brofion. Ond we'n i'n teimlo'i fod yn ddull twyllodrus o wneud pethe.

Ro'n i'n awyddus i gadw ar delerau da gyda fy mhrynwyr llaeth cyfanwerthol, ac yn sylweddoli na fydden i, fel busnes bach, yn gallu defnyddio holl laeth ein buches, saith diwrnod yr wythnos. Mi fyddai'r baich o wneud caws 365 diwrnod y flwyddyn wedi bod yn ormod. Yn yr un modd, byddai disgwyl iddyn nhw dderbyn ein llaeth ar yr adegau hynny na fydden i'n gwneud caws – fel dros y Nadolig – wedi bod yn annheg onibai ein bod ni'n sicrhau cyflenwad cyson o laeth iddyn nhw drwy gydol y flwyddyn. Y trefniant felly oedd i ni ddefnyddio llaeth ffres y bore yn unig ar gyfer y caws, a gadael llaeth y godro nos i'r cludydd ei gasglu. Roedd yn drefniant ymarferol a sicrhaodd fod ein perthynas â'r prynwyr llaeth yn parhau tan i ni orffen gyda'r godro flynyddoedd yn ddiweddarach. Roedd defnyddio'r llaeth bore twym yn arbed y costau o'i gadw'n oer dros nos ac yna ei ail-dwymo i 90°F ar gyfer gwneud y caws fore trannoeth. Yn ogystal, roedd mantais ariannol i'r trefniant hefyd, oherwydd mi fyddai'r llaeth nos yn llaeth mwy cyfoethog, a mwy o fraster-menyn ynddo, oedd yn rhoi gwell pris i ni am y llaeth. Do'n i ddim yn pasteureiddio'r llaeth i wneud y caws yn y blynyddoedd cynnar – ac yn wir, ni newidiodd hynny tan 2005.

Diolch i Nhad, ro'n i wedi fy magu mewn diwylliant o hyrwyddo a marchnata, felly we'n i'n weddol hyderus yn fy ngallu yn y maes hwn ac yn edrych 'mlaen at yr her. Ro'n i'n teimlo bod angen gwella fy sgiliau technegol, ond do'n i ddim yn poeni'n ormodol am hyn, achos y bwriad oedd cyflogi gwneuthurwr caws a chynorthwyydd, i adael i fi ganolbwyntio ar yr ochr farchnata. Ond yn y pen draw nid fel 'na fyddai pethau'n troi mas.

Mae gwneud caws ar lefel fasnachol yn gwbl wahanol i wneud rhyw bedwar pwys nawr ac yn y man ar ford y gegin. Ro'n i'n awchu am unrhyw dameidiau o wybodaeth am wneud caws ac yn pori drwy'r llyfrau yn y llyfrgelloedd lleol yn ogystal â phrynu'r holl lyfrau oedd ar gael ar y pwnc – ond mewn gwirionedd, ychydig o'r rhain oedd yn bodoli. Ar y cyfan, roedd ansawdd y wybodaeth yn wael, ac yn aml byddai'n achosi dryswch pellach yn hytrach na fy helpu. Y dyddiau 'ma wrth gwrs, mae'r rhyngrwyd wedi newid y sefyllfa'n llwyr ac mae dysgu'r grefft wedi dod yn dipyn haws. Doedd 'na ddim cyrsiau na dosbarthiadau ar wneud caws ar gael yn lleol chwaith. Roedd y rhai agosaf yn Budleigh Salterton yn Nyfnaint, ac mewn coleg yn Nottingham – ffordd bell o gartre. Fe gofrestrais ar y ddau gwrs. Heddiw, mae 'na gwrs ardderchog ar gael yng Nghanolfan Fwyd Cymru, Llandysul, ac yn Llangefni, ac mae'r adnoddau ar gael yno hefyd i bobl gael arbrofi gyda ryseitiau ac ati cyn ymrwymo i'r gost o ddatblygu eu hadeiladau nhw'u hunain – sefyllfa wahanol iawn i'r un we'n i'n ei hwynebu 'nôl yn y 1980au.

Wrth i fi gasglu'r holl wybodaeth ynghyd, dechreuais sylweddoli'r pwysau gwaith fydden i'n ei wynebu. Tua'r un adeg ro'n i hefyd wedi dechrau sylweddoli'n bod ni'n ymdopi ag effeithiau'r Cwotas Llaeth ac yn teimlo'n fwyfwy hyderus

y bydden ni'n goroesi er gwaetha'r dreth o ddeg y cant.
Roedd Gwynfor yn gallach na fi efallai, ac yn gweld y byddai
dechrau'r busnes caws yn newid ein bywydau am byth.

Ond ro'n i wedi cael y fath gefnogaeth gan gynifer o bobl
a chyrff, we'n i'n teimlo dyletswydd i barhau gyda'r syniad.
Fe ddwedes os bydden i'n dod ar draws unrhyw broblemau
– fel gwrthwynebiad i'r caniatâd cynllunio, er enghraifft – y
bydden i'n derbyn y canlyniad a pheidio ag ymladd y peth.
Ond chawson ni'r un broblem, felly aeth popeth yn ei flaen.

Fe gysures fy hunan trwy ddweud mai am bum mlynedd yn
unig bydden i'n rhedeg y busnes (sef yr hyd roedd y Cwotas
i fod i bara'n wreiddiol), ac ar ôl hyn bydden i'n mynd 'nôl i
fod yn wraig fferm. Mae Gaina Morgan, oedd yn Ohebydd
Amaeth yn y BBC ar y pryd, yn hoffi fy atgoffa i o hyn pryd
bynnag rwy'n ei gweld hi.

Yn y 1980au cynnar, fe gaeodd hufenfa Dairy Crest
yng Nghastellnewydd Emlyn. Bu gwrthwynebiad chwyrn
pan gafodd y cyhoeddiad ei wneud, a threfnwyd cyfarfod
yn y dre er mwyn i'r cwmni egluro'r penderfyniad. Roedd
pobl yn teimlo'n gryf am y peth, a thu allan i'r ffatri cafodd
ceir y rheolwyr eu gwthio nes eu bod nhw bron â chael eu
troi drosodd. Roedd y gweithlu teimlo'n arbennig o grac
oherwydd, yn ddiarwybod, roedden nhw wedi cyfrannu at
y penderfyniad i gau'r lle. Gofynnwyd iddyn nhw baratoi
adroddiad yn rhestru'r gwelliannau oedd eu hangen i
foderneiddio'r safle. Gofynnwyd iddyn nhw hefyd fod mor
drylwyr â phosibl yn y dasg er mwyn sicrhau bod achos da'n
gallu cael ei gyflwyno dros foderneiddio'r ffatri. Mae'n debyg
iddyn nhw wneud jobyn rhy dda, achos ymateb y rheolwyr

oedd dweud eu bod wedi astudio'r adroddiad a'i fod yn rhy gostus i wneud y gwaith angenrheidiol.

O ganlyniad i gau'r hufenfa, fodd bynnag, ro'n i'n gallu cyflogi'r prif wneuthurwr caws, a gafodd ei ddiswyddo. Roedd Gwynfor wedi bod mewn arwerthiant fferm ac wedi digwydd dod ar draws *bain-marie* 25 galwyn o ddur di-staen. Darn o offer sy'n cael ei ddefnyddio i goginio a thwymo bwyd mewn dŵr yw *bain-marie*, ac roedd e'n berffaith ar gyfer gwneud caws, mewn sypiau gweddol fach o leiaf. Llwyddodd Gwynfor i'w brynu gyda'i gynnig cychwynnol o £5 ac ro'n ni wrth ein bodd. Gwnaeth y gwneuthurwr caws ychydig o gaws cychwynnol gan ddefnyddio hwn, o dan amgylchiadau gymharol sylfaenol, cyn bod y stafell gaws newydd yn barod, ond er hynny, we'dd e'n fendigedig. Cafodd ffrindiau a theulu samplau o'r caws

Bain-marie tipyn mwy o faint na'r un 25 galwyn gwreiddiol!

Gwynfor yn gwasgu caws

95

a rhoi eu barn i ni amdano, a fel hynny, cawsom adborth gwerthfawr.

Roedd hufenfa arall Dairy Crest yng Nghaerfyrddin wedi cau, a chlywais i eu bod yn gwerthu hen offer. Un o'r pethau brynon ni yno oedd hen *cheese press* haearn bwrw ac fe lwyddon ni i'w brynu am bris rhesymol iawn o £65. A digwydd bod, roedd y *cheese press* arbennig hwn wedi cael ei ddefnyddio'n wreiddiol yn hufenfa Castellnewydd Emlyn, er nad oedd wedi ei ddefnyddio am flynyddoedd am ei fod yn rhy hen ffasiwn i ffatri fodern. Yn ogystal ag amryw o eitemau eraill, we'n ni wrth ein bodd pan lwyddon ni brynu dwy felin faidd newydd sbon o'r safon uchaf. Yn ddiweddarach, rhoddais fenthyg un o'r rhain i'r gwneuthurwr caws Dougal Campbell. Roedd Mr Campbell wedi bod yn gymorth mawr i fi pan glywodd e 'mod i'n bwriadu dechrau'r busnes, a rhoddodd e fenthyg *cheese press* teip Aberteifi i fi. Roedd e'n cynhyrchu caws adnabyddus Tyn Grug, a bu'n un o arloeswyr y mudiad organig, oedd â chnewllyn cryf o gynhyrchwyr yn Nyffryn Teifi. Roedd yn hynod drist pan fu farw Dougal mewn damwain ar y fferm rai blynyddoedd wedyn – wna i fyth anghofio'i garedigrwydd ata i, a'i anogaeth.

Dewisais ddyddiad 2 Ebrill 1987 i ddechrau'r busnes yn swyddogol. Roedd hyn yn fwriadol, achos we'dd e'n union dair blynedd ers dechrau'r Cwotas Llaeth. Anfonodd y papur lleol, y *Tivy-Side Advertiser*, ohebydd i nodi'r achlysur. Aeth popeth yn iawn am rai wythnosau, ond wedyn dechreuodd pethe fynd o chwith. Doedd y caws ddim yn troi allan fel oedd e i fod, yn sicr ddim yn ddigon da i'w werthu, ac ro'n

ni'n benderfynol o gadw'n safonau. Daeth arbenigwyr caws yma i geisio'n helpu ni i ddatrys y broblem, ond doedd neb yn gallu egluro'r hyn oedd yn digwydd.

Ro'n i wedi cofrestu'r caws i gael ei feirniadu yn y Sioe Frenhinol, ond doedd e ddim yn ddigon da i fynd gerbron y beirniaid yn y gystadleuaeth. Er mwyn cadw wyneb, wnaethon ni esgus ein bod ni wedi cyrraedd yn rhy hwyr i gystadlu.

Daeth pethau i'r pen pan ddaethon ni 'nôl o ddiwrnod mas yn sioe y Siroedd Unedig ym mis Awst 1987. Aethon ni mewn i'r stafell gaws, a gweld y caws oedd wedi ei wneud y diwrnod hwnnw'n symud fel tase fe'n fyw! Roedd yn amlwg fod angen ei waredu ar unwaith, felly mewn â'r cyfan i gefn y Land Rover i gael ei ddadlwytho yn un o'r caeau lle cafodd ei ddifa'n glou gan y gwylanod heb adael unrhyw olion. Y bore canlynol, fe gytunodd y gwneuthurwr caws a finnau nad oedd ein trefniant yn gweithio. Ro'n ni'n ffaelu fforddio gwastraffu mwy o gaws, ac roedd e'n ffaelu wynebu'r pwysau a'r gofid, felly fe wedon ni hwyl fawr wrth ein gilydd, er yn anfodlon, a doedd dim drwgdeimlad. Ro'n i wedi cyrraedd pen fy nhennyn, yn ansicr beth i'w wneud. Ro'n i'n gymharol ddibrofiad yn gwneud caws, ond ro'n i'n benderfynol, a ches gefnogaeth gan Gwynfor a fy chwaer, Betty. Es i drwy'r holl lyfrau a'r darnau papur we'n i wedi'u casglu dros gyfnod yn fanwl, i geisio darganfod yr ateb i'r problemau. Yn y diwedd penderfynais wneud caws yn y *bain-marie* 25 galwyn, a gyda chryn bryder, mi es ati i wneud caws am 21 diwrnod o'r bron, heb ddim un diwrnod bant. Er mawr ryddhad, roedd yr ymdrech yn

un llwyddiannus, a'r caws yn berffaith. Roedd yn amlwg fod *beginner's luck* wedi chwarae rhan, ond yn raddol fe gynyddodd yr hyder gyda phob un swp o gaws we'n i'n ei wneud. Yna, fe ges i alwad ffôn gan gwmni teledu Anglia – ro'n nhw am ddod i ffilmio'r diwrnod canlynol. Allen i byth â gadael iddyn nhw fy ffilmio i'n gwneud y caws mewn sypiau mor fach yn y *bain-marie*, felly fe benderfynais ei bod hi'n bryd i fi gymryd y cam nesaf a defnyddio'r cerwyn caws mawr. Diolch i'r drefn, trodd y caws mas yn dda. A doedd gan y criw ffilmio ddim syniad taw dyna'r tro cyntaf erioed i fi wneud caws ar y fath raddfa, yn defnyddio 100 galwyn o laeth. Doedd dim troi 'nôl nawr. Ac yn ffodus i fi, parhaodd y lwc mul am yr 20 mlynedd nesaf!

Wnaethon ni fyth ddarganfod beth achosodd y problemau cychwynnol, ac mae'n ddirgelwch hyd heddi. Yr unig gliw yw fod nifer o wneuthurwyr caws eraill wedi sôn eu bod nhw hefyd wedi cael problemau ar ôl symud i adeilad hollol newydd. Bydden nhw'n symud o stafell gaws hen ffasiwn i mewn i adeilad modern, pwrpasol ac yn dod ar draws pob math o broblemau am wythnosau wedyn. Un posibilrwydd yw fod yr adeiladau newydd heb y ffawna a'r fflora oedd yn bodoli yn yr hen adeiladau, ond 'sdim un ohonon ni'n gwybod i sicrwydd.

Drwy gydol yr holl amser bues i'n gwneud caws, dim ond un swp aeth yn ofer, a'r rheswm yr aeth hwnnw o'i le oedd bod y thermomedr mercwri wedi cracio pan o'n i'n mesur tymheredd y llaeth. Er na allen i weld dim olion o'r mercwri, roedd yn ormod o risg, a doedd dim dewis ond arllwys y cyfan i'r tanc gwastraff; dyna oedd diwrnod diflas.

Roedd 'na un tro arall pan we'n ni'n meddwl byddai angen i ni gael gwared ar swp o gaws wedi'i fygu. Ro'n ni wedi dechrau gwerthu'r caws ifanc, ond wrth iddo aeddfedu ro'n ni'n meddwl ei fod yn blasu'n annifyr, felly fe benderfynais na fydden ni'n gwerthu mwy ohono a chafodd ei roi i'r naill ochr. Ond o fewn dim, we'dd y ffôn yn canu a pherchennog siop o Hendy-gwyn yn gofyn a oedd mwy o'r caws wedi'i fygu diweddaraf gyda ni am ei fod yn blasu'n fendigedig ac roedd e am archebu'r swp cyfan. Mae hyn yn dangos bod pawb yn hoffi pethau gwahanol – ond mai'r cwsmer sydd wastad yn iawn!

Yng Nghaerllion oedd y ffair fwyd gyntaf i ni fynd iddi, ychydig wythnosau ar ôl i ni ddechrau cynhyrchu caws. Dim ond cosynnau mawr ro'n i'n eu cynhyrchu ar y pryd a we'n ni'n torri'r rhain yn sleisiau i'w gwerthu i'r cwsmeriaid. Ro'n i wedi cael gwybod nad oedd trydan ar gael yn y lleoliad, felly llogwyd clorian mecanyddol at yr achlysur. Er iddo weithio'n iawn gartre pan brofon ni fe cyn y sioe, ffaelon ni'n deg â chael gydag e i weithio ar y dydd. Roedd y dorf yn llifo i mewn i'r safle. Yr wythnos flaenorol, cafodd rhaglen deledu amdanon ni ei darlledu ar y BBC, ac roedd pobl yn heidio i'r stondin i brynu caws ar ôl ei gweld. Roedd rhaid rhannu'r cosynnau rywffordd er mwyn gwerthu'r caws, felly penderfynon ni dorri pob cosyn yn 16 darn cyfartal – neu o leiaf yn ddarnau mor gyfartal ag oedd yn bosib. Fe fuodd hyn yn llwyddiant drwy'r dydd, tan ddeng munud olaf y sioe pan ddywedodd un dyn wrth y stondin yn uchel, 'Why is my piece smaller than his?' Cafodd e ddarn ychwanegol yn frysiog er mwyn ei gadw'n hapus. Heblaw am hyn, dyna un

o'r ffeiriau bwyd gorau i ni ei chael erioed, sy'n profi pŵer teledu.

Fel yn ystod fy nyddie yn y dafarn yn blentyn, roedd angen bod yn synhwyrol ac yn garcus wrth werthu caws hefyd. Ar adegau dirifedi byddai menywod yn pwyso dros y stondin ac yn gofyn yn dawel, 'Ydy'r caws 'ma wedi'i basteureiddio?' Ro'n i'n gwybod yn iawn pam oedden nhw'n gofyn y cwestiwn: ar y pryd roedd meddygon yn dechrau cynghori menywod beichiog i beidio â bwyta caws heb ei basteureiddio. Mewn gŵyl yn Sain Ffagan oeddwn i pan ddaeth y chwaraewr rygbi Ieuan Evans a'i wraig at y stondin, ac wrth i fi gynnig samplau iddyn nhw, gofynnodd Mrs Evans y cwestiwn arferol. Pan eglurais nad oedd y caws wedi'i basteureiddio, fe wrthododd yn dawel. Yn naturiol, wedes i ddim gair wrth neb, a rhai wythnosau'n ddiweddarach fe ddaeth y cyhoeddiad eu bod nhw'n disgwyl eu plentyn cyntaf.

Wrth gwrs, yn ogystal â gwerthu caws mewn gwyliau o'r fath, roedd rhaid denu archebion gan siopau hefyd. Caffi bach yng Nghenarth oedd y siop gyntaf es i ati – mae wedi cau erbyn hyn – a gwrthod wnaethon nhw. Ond doedd dim stop ar fy mrwdfrydedd na'm hyder ar y pryd, felly ffoniais i ofyn am apwyntiad gyda phrynwr cynnyrch llaeth Neuadd Fwyd Harrods, Mr David Taylor. Ro'n i wrth fy modd i gael cynnig apwyntiad ar yr un adeg ag yr o'n i yn Llundain ar gyfer beirniadu cystadleuaeth 'Edible Ideas'. Yr eiliad roddais y ffôn i lawr fe ganodd eto, a Harrods oedd yna'n cadarnhau'r cyfarfod, ond rwy'n siŵr mai gwiriad diogelwch oedd e. Fe gyrhaeddais y siop fyd-enwog mewn da bryd, a chael fy hebrwng i swyddfa Mr Taylor,

yn ddwfn ym mherfeddion yr adeilad, ar yr islawr, heb
ffenest, yng nghanol bocsys cardbord ac yn fyd gwahanol
i'r moethusrwydd a'r *glitz* lan llofft yn y siop. Cefais groeso
gwresog gan Mr Taylor ac roedd ganddo ddiddordeb mawr
yn samplau'r caws Caerffili. Eglurodd ei fod wedi bod yn
disgwyl am amser maith i gynnig caws ffermdy wedi'i
wneud yng Nghymru i'r cwsmeriaid, oherwydd yr unig beth
oedd Harrods yn gallu ei gynnig hyd yma oedd Caerphilly
wedi ei wneud mewn ffatri.

Ym mis Hydref 1986 oedd hyn, a doedd y stafell gaws heb
gael ei chwblhau eto, felly eglurais nad oedd y caws ar gael
ar unwaith. Geiriau bythgofiadwy Mr Taylor i fi oedd, 'Give
us a chance to buy this wonderful cheese of yours when you
start your business'; anogaeth amhrisiadwy i *entrepreneur*
dibrofiad. Fe ddaethon ni adre yn blês iawn â'n trip i
Lundain. Aeth chwe mis arall heibio cyn oedd yr adeilad
newydd yn barod, a we'n i'n gofidio y byddai Mr Taylor wedi
hen anghofio amdanon ni. Ond yn wir, ym mis Ebrill 1987,
aeth Betty i Lundain ar fy rhan gyda phedwar cosyn mawr o
gaws Caerffili – ro'n i'n rhy fishi gartre'n dechrau'r busnes –
ac yn nes 'mlaen yr un diwrnod ffoniodd Betty i ddweud ei
bod wedi cael croeso bendigedig a bod y cosynnau nawr ar
y cownter yn Harrods yn barod i'w gwerthu i'r cwsmeriaid.
Roedd Mr Taylor hyd yn oed wedi cynnig mwy o arian i
Betty am y caws nag yr oedd hi wedi gofyn amdano. 'No,'
medde fe, 'We will give you more than that for it.' Gŵr
bonheddig yn wir, achos mi fydden i wedi bod yn ddigon
parod i'w werthu e'n rhatach dim ond er mwyn cael y cyfle i
werthu yn Harrods.

Yn ystod yr ymweliad â Lundain, aeth Betty hefyd i weld Mr Cooper yn Fortnum & Mason, a Mr Lewin yn Selfridges ac archebodd y ddau ganddi. Roedd cael yr archebion hyn gan rai o siopau mwyaf adnabyddus y byd yn ystod tair wythnos gychwynnol y busnes yn anhygoel. Allen i ddim fod wedi breuddwydio am well dechreuad. Dilynodd archebion eraill, lawn mor bwysig, gan siopau pell ac agos. Â bod yn onest, we'n i'n ei gweld hi'n syndod o rwydd i sicrhau archebion yn y dyddiau cynnar hynny – rwy'n credu bod fy mrwdfrydedd am y cynnyrch wedi helpu, a hefyd y ffaith fod cyn lleied o gaws ffermdy Prydeinig ar y farced ar y pryd.

Cyn hir ro'n i'n cael fy ngwahodd yn rheolaidd i hyrwyddo'r caws yn y siopau crand hyn. Roedd e'n newid byd i fi o'r gwaith bob dydd o wneud caws, er na allen i fod bant o gartre am gyfnod hir neu fydden ni'n rhedeg mas o gaws. Erbyn hyn, ro'n i'n mynnu gwneud pob un swp o gaws fy hunan. Roedd rhaid i fi gael fy asesu pan wnes fy hyrwyddiad cyntaf yn Harrods, ac ateb nifer o gwestiynau cyn bod gen i hawl i fynd ar lawr y siop, gan gynnwys rhai we'n i'n teimlo oedd yn hollol amherthnasol – pryd yr es i at y deintydd ddiwethaf, er enghraifft. Do'n i ddim

Arddangos y caws yn falch yn fy ngwisg Gymreig yn un o siopau mawr Llundain

yn ymwybodol o unrhyw broblem gyda golwg fy nannedd, ond rwy'n siŵr fod ganddyn nhw resymau dros ofyn y fath bethau. Fe ges weld a chwrdd â nifer o bobl enwog wrth wneud y gwaith hyrwyddo yma, gan gynnwys y cyn Brif Weinidog Edward Heath, ac ro'n i wrth fy modd pan ges i wybod mai ein caws Caerffili ni oedd un o'i ffefrynnau. Yn Fortnum & Mason o'n i pan weles i 007, Roger Moore, ond yn anffodus phrynodd e ddim caws. Yn ystod un o fy ymweliadau â Harrods, daeth archeb o Balas Buckingham ac roedd yn anrhydedd i weld Caerffili Caws Cenarth ar dop rhestr y caws oedd yn mynd yno – rwy'n ofni bod fy mhen wedi chwyddo ychydig pan weles i hynny.

Ar ddau achlysur pan ro'n i yn Llundain buodd rhybudd bomiau, ac fe gafodd agwedd hunanfeddiannol pobl Llundain gryn argraff arna i, wrth iddyn nhw ymdrin â'r holl aflonyddwch mewn ffordd gwbl ddigyffro. Un tro, ro'n i yn Harrods ac yn sydyn reit aeth y lle'n hollol dawel wrth i'r cwsmeriaid i gyd fwrw am adre ar ôl clywed y cyhoeddiad. Y tro arall, doedd ddim hawl gen i fynd 'nôl i fy ngwesty'r noson honno am ei fod yn ardal y bygythiad yn Picadilly Circus. Pan ges i ganiatâd o'r diwedd i fynd drwy res yr heddlu, ffonies i ddweud wrth Gwynfor am wylio'r newyddion y noson honno. Ond roedd y digwyddiadau hyn mor gyfarwydd ar y pryd fel nad oedd sôn amdanyn nhw yn y cyfryngau. Ni wireddwyd yr un o'r ddau fygythiad, diolch byth.

Roedd syrpreis yn ein disgwyl yn y post un diwrnod pan gawson ni wahoddiad i fynd i Barti Gardd ym Mhalas Buckingham. Roedd e'n hollol annisgwyl, ac rwy'n credu

Parti gardd Palas Buckingham

ei fod wedi dod oherwydd inni fod yn rhan o ddigwyddiad 'British Food and Farming'. Beth bynnag oedd y rheswm, we'dd e'n esgus grêt i gael gwisgo lan! Fe logodd Gwynfor y wisg fore ofynnol, gan gynnwys y *top hat*, o siop yng Nghaerfyrddin, a threfnu'n bod yn ei chasglu ar y ffordd i ddal y trên. Yn anffodus, roedd y siop wedi anghofio'n llwyr am ein harcheb ac roedd rhaid aros yn bryderus tra'u bod nhw'n sorto popeth mas. Fe gollon ni'r trên yng Nghaerfyrddin, felly mewn â ni i'r car a gyrru i Bort Talbot i'w ddal y fan honno. Cyrhaeddon ni mewn da bryd, ond yn y panig anghofion ni brynu tocyn parcio ar gyfer y car. Sylweddolon ni ddim nes we'n ni ar y trên a we'n ni'n siŵr fyddai 'na ddirwy enfawr i'w thalu pan fydden ni'n dychwelyd sawl diwrnod wedi hynny. Aeth gweddill y trip yn ddidrafferth. Yn y Palas fe welson ni'r Frenhines, y Dywysoges Diana, ac aelodau eraill o'r teulu brenhinol. Ond y Fam Frenhines, oedd yn 98 mlwydd oed ar y pryd, gafodd yr argraff fwyaf arna i. Y drefn yn y partïon oedd fod y teulu brenhinol yn dod allan o'r Palas a cherdded drwy'r gwesteion yn yr ardd ar wahân i gyrraedd y babell ddiplomatig arbennig oedd ar ben draw'r lawnt. Sylwes i gyda chryn edmygedd mai'r Fam Frenhines oedd yr olaf i gyrraedd y babell, nid o achos ei hoed, ond am ei bod wedi treulio mwy o amser yn siarad â'r gwesteion nag unrhyw aelod arall o'r teulu. Yr unig beth siomedig am y diwrnod oedd y sbwriel a adawyd ar y lawnt gan y gwesteion. Ro'n i'n credu bod hyn yn dangos y diffyg parch rhyfedda ac ro'n i'n teimlo cywilydd bod lawntiau perffaith y Frenhines wedi cael eu trin yn y fath ffordd. Ond heblaw am hynny we'dd e'n ddiwrnod arbennig. Ac i goroni'r cyfan, chawson ni ddim dirwy am beidio ag arddangos tocyn parcio pan gyrhaeddon ni 'nôl ym Mhort Talbot chwaith.

Achlysur arbennig arall oedd cael fy ngwahodd gan Mrs Thatcher i dderbyniad yn Rhif 10 Downing Street. Rhannais dacsi o'r orsaf gyda llywydd Undeb Amaethwyr Cymru, ac yn y cyffro, gadawais fy nhocyn mynediad yn y tacsi. Diolch byth, cofiais wrth bod y tacsi'n troi i adael. Daeth bîp o'r peiriant wrth i fi gerdded drwy'r system diogelwch a gorfod i fi gael fy archwilio gan y swyddogion. Wrth gwrs, ro'n i'n bwriadu cymryd mantais llawn o'r cyfle i hyrwyddo'r caws ac wedi mynd â chosyn gyda fi – ro'n i'n gobeithio na fyddai'r staff diogelwch yn credu 'mod i am wenwyno'r Prif Weinidog neu wedi cwato arf o unrhyw fath ynddo. Cofiwch, cosyn bach oedd e, felly bydde hynny wedi bod yn anodd – mae tuedd y Cardi'n gryf ynof i, beth bynnag yw'r achlysur.

Roedd Mrs Thatcher i'w gweld yn llawer mwy dynol nag oedd hi yn ei phersona cyhoeddus. Roedd hi'n nosweth oer, rewllyd o Dachwedd a'i geiriau cyntaf i i oedd, 'My dear, your hands are cold, come and warm them by the fire.' Cyfarchodd hi bawb yn y stafell fel yr hen law yr oedd hi, yn siarad â phob un o'r gwesteion yn unigol. Yn hwyrach y noson honno roedd hi'n gwneud cyfweliad pwysig yn fyw ar raglen 'Panorama', ond ddangosodd hi ddim owns o ofid na diffyg diddordeb ynddon ni. 'Iron Lady' go iawn, 'sdim dowt am hynny, ond fe weles i awgrym o feddylgarwch y noson honno hefyd. Yn ystod y derbyniad, dechreuais siarad â dau aelod o staff ac ro'n i wrth fy modd pan gynigion nhw ddangos rhai o'r stafelloedd eraill i fi, gan gynnwys y stafell fwyta grand lle roedd cinio anrhydeddus wedi cael ei gynnal ychydig nosweithiau ynghynt, a'r Tywysog Charles a'r Dywysoges Diana yn bresennol. Roedd Rhif 10 newydd gael ei adnewyddu ac roedd e'n ogoneddus.

Rai blynyddoedd yn ddiweddarach, ces fy ngwahodd i dderbyniad yn Rhif 11, cartref y Canghellor, wrth gwrs. Roedd y gwrthgyferbyniad rhwng y ddau le'n anhygoel – roedd Rhif 11 yn eitha anniben, roedd y carped wedi'i dreulio a'r addurno'n ddigon di-raen. Â bod yn onest, ro'n i'n meddwl bod hyn yn chwa o awyr iach – yn dangos nad oedd arian y trethdalwr yn cael ei ddefnyddio i adfywio'r adeilad.

Wnaethon ni gwrdd â phob math o bobl ddiddorol y noson honno yn Rhif 11, o amrywiol gefndiroedd. Kenneth Clarke oedd y Canghellor ar y pryd, a chawson ni'r argraff ei fod e'n gymeriad digon llon a hamddenol. Y prynhawn hwnnw, roedd datganiad wedi cael ei wneud yn Nhŷ'r Cyffredin ynglŷn â graddfa argyfwng *Bovine Spongiform Encephalopathy* (BSE) yn y DU, ac roedd pawb wnes i siarad â nhw'n dangos gwir ddiddordeb am fy marn ar y pwnc. Roedd nifer o 'nghymdogion ar ffermydd cyfagos eisoes wedi dioddef colledion o achos y clefyd – er bod pawb yn

Tu fas i Rhif 11, Downing Street

Menywod busnes blaengar gyda Kenneth Clarke, AS, Canghellor y cyfnod

gyndyn i gyfaddef bod y clefyd ar y fferm. Roedd newyddion
bob dydd am achosion newydd, a dim ond byw mewn
gobaith roedden ni y bydden ni'n ddigon lwcus i'w osgoi.
Ond nid felly buodd hi. Un diwrnod, sylwodd Gwynfor ar
un fuwch yn bihafio'n rhyfedd. Galwodd y milfeddyg, ac ar
ôl archwiliad trylwyr fe ddywedodd hwnnw ei fod e'n amau'r
gwaethaf. Ro'n ni'n parhau i obeithio, ond ymhen ychydig
daeth canlyniadau'r profion, a chadarnhad mai BSE oedd
arni, ac roedd yn rhaid i ni ddod i delerau â'r newyddion
ofnadwy. Yn y diwedd fe gollon ni ryw 30 buwch i'r clefyd
ac roedd yn dorcalonnus i weld da ifanc hardd yn gadael y
fferm i gael eu difa.

Roedd y gwahoddiad i fynd i Rif 11 wedi deillio o'r
ffaith fy mod i'n un o nifer o fenywod oedd wedi ennill

gwobrau am eu syniadau busnes. Fy ngwobr oedd trip i'r Unol Daleithau i Gwynfor a fi. Fe hedfanon ni yn y *business class* gydag American Airlines – roedd yn agoriad llygad wedi blynyddoedd o deithio yn 'economi'! Ro'n ni'n gallu dewis ein teithlen ni'n hunain, ac fe wnaethon ni'r mwyaf o'r cyfle i ymweld â llefydd ro'n ni wastad wedi bod eisiau eu gweld.

Fe aethon ni i Efrog Newydd, wedyn lawr i Niagara Falls, ac yna ymlaen i Las Vegas, y Grand Canyon, Disney World yn Florida ac yna'n ôl i San Francisco cyn dychwelyd i Lundain. Fe wnaethon ni hyn i gyd o fewn pythefnos, gan wneud 11 taith fewnol – blinedig, ond profiad anhygoel. Fe amseron ni bethe'n berffaith, achos ro'n ni wedi cael lle ar restr fer rownd derfynol Gwobrau Busnesau Bach ADAS (Agricultural Development Advisory Service) ac roedd y derbyniad gwobrwyo dros ginio y diwrnod ar ôl i ni gyrraedd 'nôl i Lundain. Ro'n ni wrth ein bodd i ennill ein categori ni, *jet-lag* neu beidio. Diwrnodau hapus yn wir.

Mentro a Marchnata

Wrth i'r archebion gynyddu, felly hefyd y llwyth gwaith.
Ro'n i'n llwyr ddibynnol ar Gwynfor i ddarparu llaeth glân
o'r ansawdd gorau posib bob dydd, a chefais i fyth fy siomi.
Y drefn oedd mai Gwynfor oedd yn darparu'r llaeth ar gyfer
y caws a finne'n ei wneud. Llwyddon ni i gadw at yr addewid
hyn gant y cant drwy'r blynyddoedd. Ond mi fyddai Gwynfor
hefyd yn fy helpu gydag un rhan o broses gwneud y caws –
torri'r ceuled. Mi fydde fe'n godro yn y bore, cael ei frecwast,
ac wedyn ymuno â fi yn y stafell gaws. Roedd y drefn hon yn
siwtio'r ddau ohonon ni, achos we'n i'n gallu ymdopi'n iawn
ar fy mhen fy hunan tan yn hwyrach yn y broses pan fyddai'r
ceuled yn mynd yn drwm i'w drin. Wrth i'r bore fynd yn ei
flaen, byddai ymwelwyr yn cyrraedd i wylio'r broses o wneud
y caws, ac yn aml byddai Gwynfor yn gorfod bwrw 'mlaen
yn y stafell gaws ar ei ben ei hunan tra ro'n i'n gofalu am yr
ymwelwyr yn y siop. Lawer yn hwyrach, wrth i'r busnes fynd
yn fwy o faint, fe gyfloges gynorthwydd, Mrs Jenny Hughes
o Lechryd, i'n helpu ni, ac fe ddaethon ni'n ffrindiau da yn
ogystal ag yn gydweithwyr. Daeth Alun Edwards o Flaenffos
aton ni i helpu gyda'r godro nos hefyd, ac roedd cyflogi Alun
yn golygu bod Gwynfor yn gallu cael ychydig seibiant.

Daeth 'arallgyfeirio' yn *buzz-word*, ac mi ro'n i'n cael
ymholiadau gan y cyfryngau, colegau a sefydliadau eraill

y bore, fe gysgon ni'n hwyr un bore a gorfod rhuthro draw
o'r maes carafannau i ddechrau ar y gwaith o wneud y caws!
Ro'n i mor bell ar ei hôl hi nes i fi golli cyfle i gwrdd â'r
Tywysog Philip yn y Neuadd Fwyd y diwrnod hwnnw. Yn
ffodus, roedd Betty ar y stondin, ac yn ôl ei harfer roedd hi'n
fwy nag abl i ofalu am ein hymwelydd brenhinol.

Fel sy'n amlwg trwy'r llyfr hwn, mae Betty, fy chwaer,
wedi bod yn allweddol i lwyddiant Caws Cenarth o'r
cychwyn cyntaf. Mae ei hegni a'i hymroddiad yn anhygoel.
Daeth un o'r achlysuron mwyaf cofiadwy gyda Betty yn
ystod ymwediad brenhinol arall â'r Sioe Frenhinol, sef
ymweliad y Tywysog Charles yn 1988. Pan gyrhaeddodd e'r
Neuadd Fwyd, roedd Betty'n amau ei fod yn mynd i golli'n
stondin ni, ac yn wir fe ddechreuodd e gerdded i'r cyfeiriad
arall. Ond doedd Betty ddim yn mynd i dderbyn hynny.
Roedd hi yn ei gwisg Gymreig, a bant â hi ar ôl y Tywysog
a mynd syth ato a gofyn, yn hollol cŵl, iddo gerdded 'nôl
gyda hi i ymweld â'n stondin ni. Ac fe wnaeth e, fel oen bach
– gan gynddeiriogi nifer o'r stondinwyr eraill, wrth gwrs,
oherwydd ar ôl siarad â ni chadwodd e ddim at drefn y daith
swyddogol o gwmpas y Neuadd oedd wedi cael ei chynllunio
iddo ymlaen llaw.

Dysgu oedd Betty cyn dod i'n helpu ni. Ar ôl graddio
o Brifysgol Caerdydd, buodd hi'n dysgu cerddoriaeth yn
Ysgol Gyfun Mynydd Cynffig, Morgannwg, ac yna yn
Ysgol Ramadeg Greenhill yn Ninbych-y-pysgod. Ar ôl iddi
ymddeol, buodd hi'n ein helpu ni fwy fyth, ym mhob math o
ffyrdd, ac mae arnon ni ddyled enfawr iddi am ei chymorth
a'i phenderfyniad dros y blynyddoedd, un na allwn ni fyth

papurau newydd a chylchgronau, ar y radio ac ar y teledu.
Doedd gen i ddim cyllideb hysbysebu i'r busnes, ac roedd y
fath sylw'n hollol hanfodol er mwyn codi'n proffil.

Buodd sawl erthygl amdanom yn y papurau newydd
cenedlaethol Prydeinig ac mewn cyhoeddiadau eraill. Ro'n
i'n ddigon lwcus i gael erthygl dwy dudalen, mewn lliw, yng
nghylchgrawn y *Sunday Times*, ac am amser maith wedyn
roedd ymwelwyr yn cyrraedd y siop â'r erthygl yn eu llaw.
Dro arall, anfonodd y Daily Telegraph ffotograffydd draw o
Fryste i dynnu lluniau ohonon ni gyda'n caws cyri newydd.
Roedd e yma ar y fferm am ryw ddwy awr, fe gymerodd e
tuag wyth rholyn o ffilm, a chafodd fenthyg ysgol fach er
mwyn tynnu'r lluniau o ongl anghyffredin. Prynais y papur
am sbel wedyn, ond weles i byth mo'r lluniau. Efallai eu bod

Darn sylweddol yn y *Sunday Times*

nhw wedi cael eu cyhoeddi'n hwyrach, neu efallai, fel mae'r wasg yn medru gwneud, eu bod wedi newid eu meddwl am yr erthygl. Ond fe ges i lun neis i'w gadw, o leiaf.

Ro'n i wastad yn darparu'r newyddion diweddaraf am y busnes i'r wasg, yn bennaf drwy ddatganiadau. Yn ddi-ffael, bydden i'n llwyddo i gael y datganiadau wedi'u cyhoeddi yn y papurau lleol cyn y sioeau haf ac adeg y Nadolig. Ro'n i'n ceisio gwneud y datganiadau mor drawiadol â phosib. Gweithiodd un a wnes cyn y Sioe Frenhinol yn arbennig o dda. Y pennawd oedd: 'Our grandmother never made cheese like this, but then she didn't have a daughter like ours.' Roedd hyn yn cyfeirio at y caws coffi ro'n ni wedi'i lansio ar ôl i fi gael fy ysbrydoli gan deithiau Caroline i Ganolbarth America. Fe werthodd y caws yn hynod o dda yn y Sioe yr wythnos honno. Roedd y cyfryngau'n chwilio'n gyson am gynnyrch newydd i'w gynnwys yn eu rhaglenni yn ystod wythnos y Sioe ac ro'n i wastad yn ceisio lansio caws newydd yno, hyd yn oed os oedd ar gael am gyfnod byr yn unig. Byddai hyn yn sicrhau eitem ar y teledu ac, o ganlyniad, byddai'r caws yn gwerthu allan. Mi fyddai cwsmeriaid yn dod at y stondin a gofyn am gael prynu'r 'caws oedd ar y teledu neithwr', yn aml heb ei flasu'n gyntaf. Ac wrth gwrs, unwaith ro'n nhw wrth y stondin, we'n i fel arfer yn gallu eu temtio i brynu caws arall hefyd.

Dim ond ar dri achlysur rwy'n cofio bod yn anhapus â'r hyn gafodd ei ysgrifennu amdanon ni. Y tro cyntaf oedd pan gawson ni'n cysylltu â stori negyddol am wneuthurwr caws arall oedd yn ei chael hi'n anodd i gael llaeth gan y Bwrdd Marchnata Llaeth, er ein bod ni wastad wedi bod yn hollol hapus â'n perthynas ni â'r Bwrdd. Fe gyhoeddodd y papur wrthdyniad yn y rhifyn nesaf. Yr eildro oedd ar ôl ymweliad y Tywysog Charles â'r fferm, lai na blwyddyn ar ôl marwolaeth y Dywysoges Diana. Yn yr erthygl roedd y gohebydd wedi enwi Mrs Parker-Bowles, a hynny gan ddefnyddio ei henw cyntaf yn unig, a heb ddim cysylltiad â'r ymweliad â Glyneithinog. Cefais fy siomi gan ynfydrwydd y gohebydd, ond fe benderfynais beidio â dweud dim y tro hwnnw. Y trydydd tro cefais fy ypsetio'n bennaf. Cafodd ffermwr lleol, oedd yn ffrind agos i ni, ei ladd mewn damwain ar yr hewl, ac wrth ymyl yr adroddiad am y ddamwain yn y papur, roedd llun ohono i gyda fy nghaws diweddaraf. Amseru gwael, ond doedd dim allwn i ei wneud am y peth.

Rwy'n difaru nawr na chadwais i gofnod o'r cwmnïau teledu a radio sydd wedi ymweld â'r fferm dros y blynyddoedd – rwy'n siŵr fod dros gant, ta beth, sy'n anodd credu a dweud y gwir. Roedd y sylw'n llethol weithiau, ac roedd y teulu'n ei chael yn anodd delio ag e. Ond ro'n i'n deall ac yn gwerthfawrogi manteision y fath gyhoeddusrwydd i Gaws Cenarth a doedd hi ddim yn bosib dweud 'Na'. Felly ro'n i wastad yn barod i'w croesawu, ac i wneud fy ngorau i weithio yn ôl eu cynlluniau nhw, waeth pa mor anghyfleus ac anodd oedd hynny. Rwy'n cofio un tro pan oedd cwmni teledu Cymraeg a chwmni teledu Saesneg yn ffilmio yma ar yr un pryd. Roedd y criw Saesneg yn anfodlon iawn am bresenoldeb y cwmni Cymraeg ac yn swrth iawn wrth ymwneud â nhw. Roedd yn rhyddhad mawr pan ddaeth y diwrnod ffilmio hwnnw i ben.

Un tro cefais fy ngwahodd i wneud caws Caerffili yn fyw
yn stiwdios Pebble Mill ar Ddydd Gŵyl Dewi. Fe deithiais i
Birmingham y diwrnod cynt gyda'r offer i gyd. Yn anffodus,
fe wrthododd y cynhyrchydd adael i fi wisgo fy ngwisg wen
arferol, ac ar ôl tipyn o drafod bywiog gorfod i fi ildio a
gwisgo oferôl llwyd diflas o'u hadran wisgoedd nhw. Do'n i
ddim yn hapus, ond roedd y cynhyrchydd mor benderfynol

Rhai o'r criwiau ffilmio fu'n ymweld â ni dros y
blynyddoedd

nes 'mod i'n gofidio y byddai'n canslo'r eitem, a finne wedi gwneud siwrne ofer. Mae gwneud caws yn fyw ar yr awyr ar raglen deledu wastad yn codi ofn, achos mae amseru mor bwysig, ac, yn enwedig dan amgylchiadau stiwdio deledu, mor anodd. Y darn mwyaf gweledol yw torri'r ceuled, ac mae amseru hwn i gyd-fynd â rhediad y rhaglen yn hanfodol. Yn ffodus, y diwrnod hwnnw yn Pebble Mill, fe weithiodd popeth yn dda, er gwaetha'r dillad dadleuol.

Roedd Gwynfor wedi aros gartre a gosod y peiriant fideo i recordio. Ar yr union adeg ro'n i'n cael fy nghyflwyno ar y sgrîn, galwodd cwsmer ar y clos, felly aeth Gwynfor ato i'r siop, gan feddwl y byddai'n gallu gweld y rhaglen ar ôl iddi gael ei recordio. Ond, fel mae pawb sy'n cofio oes y recordiwr fideo'n gwybod, ro'n nhw'n gallu bod yn hynod gymhleth a mympwyol, a wnaeth y rhaglen ddim recordio'n iawn. Y cyfan welodd Gwynfor oedd llinell agoriadol y cyflwynydd swynol Alan Titchmarsh yn dweud, 'Now we are going to see Caerffili cheese being made,' – a dim mwy! Fe ysgrifennais at y rhaglen i ofyn a oedd modd i fi gael copi ar dâp, ond gwrthodon nhw, a dweud nad oedd tapiau'n cael eu gwneud, ond dwi'n credu mai nonsens oedd hynny. Dyna'r unig dro i unrhyw un ofyn i fi wisgo gwisg wahanol i'r un wen arferol ar gyfer unrhyw ddarn o ffilmio rwy wedi ei wneud, felly rwy'n amau fy mod i wedi corddi cynhyrchydd Pebble Mill am ryw ddirgel reswm.

Y rhaglenni ro'n i'n mwynhau eu gwneud yn bennaf oedd y rhaglenni mwy ysgafn eu natur ar gyfer plant. Fe gawson ni hwyl ofnadwy gyda'r criw yn ffilmio *Tecwyn y Tractor*, a gyda Jeifin Jenkins, ac yn fwy diweddar gyda Rapsgaliwn.

Ymddangosodd Lucas, ein hŵyr, yn y ffilm honno hefyd. Roedd hefyd raglenni gyda phlant ysgol yn coginio. Os nad oedd rhaid i fi gymryd rhan na chael fy nghyfweld, ro'n i'n ymlacio – do'n i ddim yn mwynhau gweld fy hunan ar y teledu (oes unrhyw un?). Ond ces i fwynhad mawr, un prynhawn Sul, a'r teledu 'mlaen yng nghornel y stafell, a finne ddim yn cymryd llawer o sylw ohono, pan ddigwyddais edrych lan a gweld fy nghorgast, Poppy fach, yn chwarae gyda chi Rick Stein, Chalky!

Jeifin Jenkins – pwy arall?!

Roedd Rick wedi bod yma'n ffilmio ar gyfer ei gyfres *Food Heroes*, ac roedd y clip o'r cŵn yn cael ei ddangos ar raglen *Points of View*. Roedd hyn am fod milfeddyg wedi gwrthod caniatàu i Chalky, oedd braidd yn hen a heb fod yn rhy iach, fynd i Ffrainc gyda Rick Stein i ffilmio rhaglen arall. Yn 2011, fe gawson ni fwynhad o weld ein gwneuthurwyr caws presennol yng Nghaws Cenarth, Steve Mann a Derek Lewis, yn cymryd rhan mewn fideo o 'Delilah' a gafodd ei wneud gan BBC Cymru i ddathlu pen-blwydd Tom Jones yn 70 mlwydd oed.

O edrych 'nôl, rwy'n synnu fy mod i wedi llwyddo i ffito popeth mewn o ddydd i ddydd. Ond y tripiau a'r sioeau a'r cyffro – ac yn arbennig y bobl amrywiol ro'n i'n cwrdd â nhw ar hyd y ffordd – oedd yn fy ysgogi yn y gwaith beunyddiol o wneud caws.

Sialensau Newydd

Yn 1997, a finne'n tynnu am 60 oed, fe welais hysbyseb yn chwilio am bobl i gymryd rhan mewn taith i fynyddoedd yr Himalaya i godi arian at elusen Whizz-Kidz, oedd yn darparu *mobility aids* i blant â phroblemau symud. Fe ddangosais yr hysbyseb i Caroline, y ferch, a'i phartner Neil – roedd y ddau'n gerddwyr brwd, ac roedd i'w gweld yn antur berffaith iddyn nhw. Yn y pen draw, fe benderfynon nhw nad oedd yr amseru'n iawn iddyn nhw – ond yn y cyfamser roedd chwant wedi codi arna i i gymryd rhan fy hun.

Neil, partner Caroline a dylunydd Caws Cenarth, yn ymlacio wedi diwrnod o waith caled

Dros y blynyddoedd ro'n i wedi gwneud tipyn o ymarfer corff. Ar ddydd Gŵyl San Steffan 1983 fe benderfynais ddilyn esiampl Caroline a dechrau rhedeg er mwyn gwella fy ffitrwydd ar ôl yr holl or-fwyta dros y Nadolig. Fe brynais bâr o sgidiau rhedeg ac off â fi. Erbyn mis Ebrill, we'n i'n teimlo'n ddigon hyderus i wneud ymgais ar redeg ras flynyddol y Maer yng Nghaerfyrddin, tua naw milltir. Roedd Caroline yn cymryd rhan hefyd ac fe enillodd ei dosbarth hi yn rhwydd – chefais i mo'r fath lwyddiant, ond fe aeth y ras yn dda ac fe fwynheais y profiad o redeg yn fy nghystadleuaeth gyntaf. Ond y diwrnod wedyn ro'n i mewn stad ofnadwy, a we'n i prin yn gallu symud. Yr unig ffordd we'n i'n gallu mynd lawr y stâr oedd eistedd lawr a llusgo'n hunan lawr un ris ar y tro. Er gwaethaf sgil-effeithiau'r ras, ro'n i wedi cael fy rhwydo gan y rhedeg, ac ro'n i am wneud mwy.

Dechreuodd Caroline a finne deithio i lawer o rasus gyda'n gilydd, rhai mor bell â Chaerdydd ac Abertawe, ac enillodd Caroline nifer dda o wobrau ar hyd y ffordd. Enillais i sawl un hefyd, ond roedd hyn yn rhannol am fod cyn lleied o bobl eraill yn cystadlu yn fy ngrŵp oedran i, nid achos 'mod i'n gyflym! Un ras gofiadwy oedd Ras Beca, ras bum milltir o hyd ar fynyddoedd y Preseli, dros dirwedd anodd. Er mai ym mis Awst oedd y ras yn cael ei chynnal, roedd rhannau o'r cwrs yn wlyb a chorsiog, rhannau eraill yn fynyddig a serth. Roedd y rhedwyr proffesiynol mor ysgafn eu troed, ro'n nhw'n gwibio dros y tir gwlyb – ond roedd e'n sbort i weld y rhai llai medrus yn mynd yn sownd lan at eu boliau yn y mwd.

Ras y Maer yng Nghaerfyrddin

Y flwyddyn ganlynol, daeth amser Ras y Maer yng Nghaerfyrddin unwaith yn rhagor, ac ro'n i wrth fy modd y tro 'ma i ennill fy nosbarth ar gyfer menywod dros 40 – ac fe lwyddais i wneud yr un peth y flwyddyn wedyn yn 1985. Erbyn hyn roedd pawb yn y teulu wedi dechrau rhedeg, ac yn 1986, er mawr syndod i mi, gymerodd pob aelod o'r teulu Adams ran, hyd yn oed Gwynfor a Carwyn. Fi oedd dolen wan y tîm, a ffaelais ennill yr *hat-trick*, ond daeth Caroline a Betty yn gyntaf yn eu dosbarthiadau nhw.

Fe wnaeth Caroline a finne ymgais i gymryd rhan ym Marathon Llundain hefyd. Mae miloedd yn ormod yn ymgeisio bob blwyddyn, a mater o lwc yw cael lle. Yn anffodus, fe fethodd y ddwy ohonon ni. Ro'n i wedi ymarfer cryn dipyn eisoes yn y gobaith o gael rhedeg, felly fe benderfynais i redeg ras 17.5 milltir yn Sir Benfro – ac ro'n i'n falch iawn pan enillais darian am fy ymdrech. O edrych 'nôl, mae'n anodd 'da fi gredu na stopiais i gerdded unwaith yn ystod y ras – roedd cefnogaeth y dorf ar hyd y ffordd yn sicr yn help.

Wrth i'r amser fynd heibio roedd yn mynd yn fwyfwy anodd i gynnal lefel yr ymarfer angenrheidiol oedd ei angen, yn ogystal â rhedeg y busnes. Er mwyn sicrhau fy mod i'n gallu cwblhau ras mewn amser gweddol, roedd rhaid rhedeg mwy na dwywaith hyd y ras mewn wythnos o hyfforddi; er enghraifft, ar gyfer hanner marathon – 13 milltir – roedd angen rhedeg 26 milltir dros yr wythnos, a chynnwys un diwrnod o orffwys. Mae'r gallu i redeg yn fater o ymdrech meddyliol yn ogystal â chorfforol, ac mi fydden i'n gwthio'n hunan i'r eithaf gyda'r ddau. Ond roedd 'na fudd enfawr.

Mae rhedeg yn rhoi llawer o egni i chi ac yn clirio'r meddwl. Bydden i'n treulio'n amser yn rhedeg yn meddwl am syniadau newydd ar gyfer y caws, ac yn cyrraedd adre'n ysu i ddechrau ar y gwaith.

Roedd sawl blwyddyn wedi mynd heibio ers i fi orffen rhedeg pan ddechreuais i feddwl am y daith i'r Himalaya. Ond cyn i fi feddwl yn iawn am yr hyn oedd o 'mlaen i, ro'n i wedi anfon y ffurflen gais i mewn, ynghyd â'r blaendal o £500 oedd ei angen. Dechrau'n unig ar y broses o gymryd rhan oedd hyn. Roedd angen i fi godi isafswm o £2,500 o arian nawdd, a hynny cyn diwedd mis Rhagfyr, neu fydden nhw ddim yn derbyn fy nghais. Yna roedd rhaid i fi ystyried os o'n i wir yn ddigon heini i feddwl am wynebu sialens mor ymdrechgar – fe fydden ni'n treulio wythnos yn ardal Eferest ac yn dringo i 13,650 troedfedd dros gyfnod o saith diwrnod. Byddai gofyn dygymod ag effeithiau salwch uchder hefyd, sy'n gallu bwrw unrhyw un, hyd yn oed y person mwyaf heini.

Ond erbyn hyn, ro'n i wedi ymroi i'r sialens a doedd dim troi 'nôl. Fe ddechreuais ymarfer o ddifri, gan ddilyn y cynllun hyfforddi roedd yr elusen wedi'i ddarparu, felly bob nos ar ôl gorffen gwneud y caws, ro'n i'n gwisgo'r sgidie pwrpasol a cherdded yn sionc am ryw awr. Bob wythnos, we'dd Caroline a finne'n mynd am daith hirach ymhellach o gartre. Un tro, gerddon ni a Neil lan yr Wyddfa. Roedd hi'n oer, yn bwrw eira ac roedd rhew ym mhobman; mi fyddai un cam allan o'i le wedi bod yn angheuol. Ar ôl y diwrnod hwnnw sylweddolais pam mae cymaint o ddamweiniau'n digwydd ar y mynydd.

Fe gawson ni drip arall i Ben y Fan; roedd yr olygfa'n fendigedig, ond roedd y gwynt mor gryf roedd bron rhaid i ni gripian i'r top. Fel gwobr am ein hymdrechion, ro'n ni wedi bwcio bwrdd ym mwyty seren Michelin y Walnut Tree ger y Fenni am 7.30pm y noson honno. Ond pan gyrhaeddon ni 'nôl at y car ar ôl cerdded, pallodd e ddechrau. Erbyn i'r gwasanaeth achub gyrraedd a'n rhoi ni ar ben ffordd, roedd hi'n rhy hwyr i ni fynd i'r gwesty i ymolchi a newid. Felly, ar noson oer, gwlyb a thywyll, fe newidion ni'n dillad yn frysiog yn y car. Roedd y bwyty'n orlawn, a chawson ni bryd bendigedig a chroeso cynnes gan y cogydd enwog Franco Taruschio, a ches i hyd yn oed wahoddiad i weld y gegin. Dim ond wrth i ni adael y bwyty digwyddais edrych lawr a gweld fy mod i'n gwisgo dwy esgid o wahanol barau am fy nhraed! Roedd Caroline a Neil yn chwerthin fel ffyliaid pan sylweddolon nhw, ond dwi'm yn gwybod beth oedd gweddill y bwyty (na'r staff!) yn ei feddwl ohono i, wir.

Y daith gerdded hiraf wnes i cyn mynd i'r Himalaya oedd o Drefdraeth i Grymych dros fynydd y Preseli, rhyw 15 milltir o hyd. Roedd yn ddiwrnod niwlog, a chyn pen dim we'n ni'n ffaelu gweld llath o'n blaenau, ond yn ffodus roedd Caroline yn fwy cymwys gyda'r cwmpawd na fi ac fe gyrhaeddon ni Degryn yn saff, ac fe ddaeth Gwynfor i gwrdd â ni ar ôl y godro nos. Ar deithiau byrrach, fe fydde'r ddau gorgi, Carlo a Poppy, yn ymuno â ni, a chawson nhw flas ar ychydig enwogrwydd pan gawson ni'n ffilmio ar gyfer eitem newyddion.

Roedd y cynllun hyfforddi'n argymell y dylen ni ddod yn gyfarwydd â chario sach gefn lawn, felly fe lenwais fy

Bu tipyn o ddiddordeb yn fy nhaith i'r Himalaya o'r cychwyn

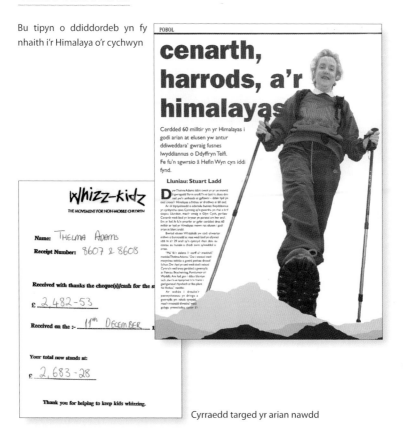

POBOL

cenarth, harrods, a'r himalayas

Cerdded 60 milltir yn yr Himalayas i godi arian at elusen yw antur ddiweddara' gwraig fusnes lwyddiannus o Ddyffryn Teifi. Fe fu'n sgwrsio â Hefin Wyn cyn iddi fynd.

Lluniau: Stuart Ladd

wHizz-kidz

THE MOVEMENT FOR NON-MOBILE CHILDREN

Name: THELMA ADAMS

Receipt Number: 8607 & 8608

Received with thanks the cheque(s)/cash for the s

£ 2,482-53

Received on the :- 11ᵗʰ DECEMBER 1

Your total now stands at:

£ 2,683-28

Thank you for helping to keep kids whizzing.

Cyrraedd targed yr arian nawdd

un i â darnau o wêr caws solet! Bydden i hefyd yn mynd i ganolfan hamdden Castellnewydd Emlyn i ddefnyddio'r felin droed am awr dda neu fwy ar y tro. Roedd hyn yn llawer mwy diflas na mynd i gerdded yn yr awyr agored, ond ar ddiwrnodau byr y gaeaf dyna'r unig ddewis, achos roedd hi'n rhy dywyll gyda'r nos.

Er mwyn ein hysbrydoli cyn y daith, fe wahoddodd Whizz Kidz grŵp o wirfoddolwyr i Lundain i glywed darlith gan Doug Scott, y mynyddwr enwog oedd, gyda Dougal Haston, yn aelod o dîm Chris Bonnington a orchfygodd

Eferest yn 1975. Cawson gryn flas ar gyflwyniad y dyn diymhongar hwn, ac roedd ei luniau'n ddigon i fy ysbrydoli, ond ro'n ni i gyd braidd yn bryderus am faint y dasg oedd yn ein hwynebu yn y mynyddoedd yma. Fe gyflawnodd Doug Scott 45 alldaith i'r rhanbarth, ac roedd hi'n fraint cwrdd ag e a chael ei lofnod.

Diolch i haelioni ffrindiau a theulu, erbyn mis Rhagfyr 1997 roeddwn i wedi cyrraedd fy nharged arian nawdd ac anfonais siec o £2683.28 at Whizz Kidz. O'r diwedd, fe ddaeth y diwrnod tyngedfennol a bant â fi i Heathrow gydag un rycsac mawr, ac un bach ar gyfer y cerdded o ddydd i ddydd. Wnes i gyfarfod â gweddill y tîm yn y maes awyr, rhyw 60 ohonon ni i gyd, a do'n i ddim yn synnu mai fi oedd i'w gweld yr hynaf o'r grŵp. Ar ôl taith o 19

O'n i'n falch pan ddaeth y cerdded yn haws

awr fe gyrhaeddon ni fwrlwm Kathmandu, lle cawson ni'n croesawu gyda garlant o flodau. Cawson ni noson yn y ddinas cyn hedfan i bentref bach Phaplu, ac roedd yn edrych fel petai pawb yn y pentref wedi dod allan i'n cyfarch ni ar y stribyn o ddaear oedd yn cael ei ddefnyddio fel 'maes awyr'.

Cyn hir, fe ddechreuon ni ar ein diwrnod cyntaf o gerdded ac fe ges i sioc aruthrol. Er gwaetha'r ffaith fy mod i wedi treulio pob munud sbâr yn ymarfer ar gyfer y foment hon, i fi roedd hi'n anodd tu hwnt. Roedd rhaid ymdopi â'r uchder, ond hefyd â haul crasboeth y prynhawn, ac fe ddechreuais boeni y byddai'r daith yn ormod i fi.

Dyma'r tro cyntaf erioed hefyd i fi gysgu mewn pabell, a doedd e ddim yn brofiad galla i ddweud i fi ei fwynhau. Ar y bore cyntaf dihunais a sylweddoli bod fy nhraed wedi bod yn pocro allan o waelod y babell ac fel talp o rew. Roedd y diwrnodau'n dwym ond yn y nos roedd y tymheredd yn disgyn yn is na'r rhewbwynt.

Ond fe wnes i barhau i gerdded a dechrau dod i rhythm y peth wrth i ni ddod i mewn i'r patrwm o gerdded bob dydd. Wrth i ni fynd ymhellach ar hyd y daith fe gynyddodd fy hyder, ac fe welais y cerdded yn mynd ychydig yn haws. Fe gawson ni lawer o hwyl mewn grŵp o bobl ddymunol. Un noson gawson ni'n sbwylo ac aros mewn lletty lle ro'n ni i gyd yn cysgu mewn un ystafell fawr ar yr ail lawr – roedd hyn yn foethusrwydd pur o'i gymharu â'r babell! Ond roedd un peth yn fy mhoeni; ar lawr gwaelod y lletty roedd cegin a storfa llawn tato, ac ro'n i'n gofidio'u bod nhw'n mynd i ddenu llygod bach, neu'n waeth fyth, rhai mawr. Mae ofn tost o lygod arna i, felly gofynnais yn swil i'r perchennog a oedd llygod yn debygol o ddod mewn i'n stafell ni – ond yn anffodus, o achos problemau ieithyddol, camddeallodd fi ac ymddiheuro nad oedd hi'n gallu dod o hyd i lygoden i fi fynd i'r gwely gyda fi! Er gwaetha popeth fe gysgais yn weddol dda – a chi yn udo oedd yr unig sŵn i 'nihuno i. Gyda llaw, cawson ni wybod nad oedd y Nepaliaid yn bwydo'u cŵn. Ond gan nad oedd yr un ci i'w weld yn denau iawn i fi, mae'n debyg eu bod nhw'n ymdopi'n iawn ar y bwyd ro'n nhw'n ei fwyta wrth chwilota. Ro'n i'n ofalus i beidio â mwytho unrhyw gi o achos y risg o ddal y gynddaredd, er i ni weld cŵn bach annwyl ofnadwy.

Ar y pumed diwrnod, fe gyrhaeddon ni ysgol wedi ei hadeiladu'n llwyr gan arian a gyfrannwyd gan deithiau blaenorol. Fe gawson ni groeso gorfoleddus gan dros gant o ddisgyblion. Yn hwyrach yn y noson daeth y plant hŷn a'r oedolion i'n diddanu gyda chaneuon brodorol a dawnsio. Roedd rhaid i ni chwerthin pan ddechreuodd y Prifathro, oedd i'w weld yn ddyn digon difrifol a sobr yn gynharach yn y dydd, ddawnsio fel dyn gwyllt, heb ddim swildod, a chyn hir roedd eraill yn ymuno ag e. Ar ddiwedd noson wych, fe ymlusgon ni i'n pebyll, ac wrth i ni gwympo i gysgu roedd yn ddifyr clywed cerddoriaeth orllewinol yn cael ei chwarae gan garfan iau y Nepaliaid, oedd yn parhau â'r parti.

Ar y chweched diwrnod, treulion ni fore hyfryd mewn haul twym yn cerdded drwy wlad y Sherpa yng nghanol tirwedd hardd a choed, gan basio nifer o ychen crwbi simsan yr olwg ar y llethrau. Ar adegau, wrth i ni nesàu at bentrefi, bydden ni'n gweld teiliwr teithiol yn eistedd tu allan i dŷ wrth ei beiriant gwnïo Singer, yn gwneud dillad i'r trigolion.

Ro'n i'n ysu am gael aros yn ddigon hir iddo wneud dillad i ni o'r deunyddiau hardd oedd ganddo, ond roedd rhaid i ni barhau i gerdded. Un prynhawn, es i a nifer o aelodau eraill y grŵp i fynachlog Fwdaidd, 10,000 o droedfeddi i fyny yn Tragshindo La ar y prif lwybr i Eferest. Fe gawson ni groeso gan y mynachod, a ro'n ni'n ddigon lwcus i gael paned o'u te arbennig.

Diwrnod olaf y cerdded oedd yr un anoddaf un, a dim ond 13 o'r grŵp gwreiddiol lwyddodd i gyrraedd pen y daith. Ro'n i'n benderfynol o orffen pob llath, er bod yr uchder yn cael effaith ofnadwy arna i erbyn hyn. Roedd pob cam yn ymdrech, ac roedd rhaid i fi stopio pob cwpl o droedfeddi i gael fy anadl ata i. Bydden ni'n ail-ddechrau, ond yn gorfod stopio unwaith yn rhagor ar ôl modfeddi. O'r diwedd, fe gyrhaeddon ni'r pen ac roedd llawer o ryddhad a llawenydd.

Drwy gydol y daith ro'n i'n cael fy nhywys gan Sherpa rhyfeddol oedd wedi dringo Eferest nifer o weithiau, gan gynnwys wrth ochr Rebecca Stevens yn 1993, y fenyw Brydeinig gyntaf i ddringo'r mynydd. Roedd e'n ddiymhongar tu hwnt ac yn gwrthod cydnabod ei orchestion amrywiol. Roedd gen i edmygedd rhyfeddol ohono, oherwydd fe allai fod wedi llamu i fyny'r mynydd yn llawer cyflymach na fi, ond roedd e'n hynod amyneddgar, yn helpu addasu fy rycsac pan fyddai'n llithro oddi ar fy ysgwydd, ac yn gofalu amdanaf bob cam o'r daith. Arwr addfwyn go iawn. Mae'n fyd bach hefyd, achos roedd e wedi ymweld â Chymru a cherdded Eryri! Alla i byth â dychmygu bod cerdded hwnnw wedi bod yn llawer o ymdrech iddo.

Cwrddon ni â Sherpa arall oedd wedi tywys Sarah,

Dwy fenyw leol yn Nepal

Duges Caerefrog, ar ei thaith hi i Nepal. O ganlyniad, fe'i gwahoddodd i aros gyda hi yn ei chartref yn Sunningdale Park lle bu e'n aros am dipyn. Pan aeth e adref o'r diwedd i Nepal, fe gafodd y llysenw Tywysog Bach.

Mae gen i'r parch mwyaf hefyd at y dringwyr sy'n llwyddo i orchfygu'r mannau uchaf yn y mynyddoedd urddasol hyn – dim ond wedi dringo hanner uchder Eferest we'n i, ac wedi gweld hynny'n sialens ddigon anodd.

Roedd ein taith yn yr Himalaya wedi dod i ben ac fe gyrhaeddon ni 'nôl i Kathmandu. Ar ein diwrnod olaf, penderfynodd rhai aelodau o'r grŵp yr hoffem gael cipolwg agosach ar Eferest, felly aethom ar daith awyren fyddai'n hedfan uwchben y gadwyn o fynyddoedd. Roedd rhaid i ni aros sawl awr yn y maes awyr er mwyn i'r cymylau glirio cyn hedfan, ond yn y diwedd fe godon ni i'r awyr. Ac roedd yn werth aros amdano. Roedd tawelwch llwyr ymysg y grŵp wrth i ni ryfeddu at yr olyfga tu allan i'r awyren. Roedd modd adnabod mynydd Eferest yn syth, ei liw du yn codi'n ysblennydd uwchben y gweddill.

Cyn hir ro'n i'n pacio'r rycsac yn barod am y daith hir adref. Aeth popeth yn iawn tan ail hanner y daith. Pan stopion ni yn Qatar, daeth merch ar yr awyren gyda'i rhieni. Roedd y rhieni'n edrych yn bryderus ac fe ddaethon i wybod wedyn bod y ferch yn gaeth i gyffuriau a'u bod nhw'n mynd â hi i Lundain lle roedden nhw'n gobeithio cael triniaeth iddi fyddai'n achub ei bywyd. Ond pan ro'n ni yn yr awyr daeth cyhoeddiad yn gofyn am gymorth doctor. Daethpwyd o hyd i un yn y dosbarth cyntaf ac fe welson ni'r ymdrechion i achub ei bywyd. Ond wrth i'r tanc ocsigen gael ei roi o'r neilltu, fe sylweddolon ni ei bod wedi marw.

Y grŵp yn cael hoe fach

136

Pan gyrhaeddon ni Heathrow roedd rhaid i ni aros ar yr awyren nes i'r awdurdodau ddod a dilyn y trefniadau ffurfiol angenrheidiol. Roedd e'n ddiwedd tywyll i'r daith.

Fe gyrhaeddais i 'nôl yng Nghymru ar nos Sul, ac aros fyny tan oriau mân y bore yn rhannu fy mhrofiadau gyda'r teulu. Er gwaetha'r diwedd trist ar yr awyren, mae fy atgofion o'r daith yn rhai melys; roedd y dirwedd a'r profiad yn wych a phobl Nepal yn garedig ac addfwyn. Ychydig iawn o nwyddau materol sydd ganddyn nhw, ond mae urddas a sirioldeb yn perthyn iddyn nhw. Rai wythnosau'n hwyrach cawsom ein gwahodd gan Whizz Kidz i dderbynfa yn y 'Foreign and Commonwealth Office' yn Llundain i ddiolch i ni am ein ymdrechion ac am yr arian a godwyd. Ac yn niwl pleserus gwydraid o siampên, fuodd Gwynfor bron â chael ei berswadio i wneud yr anturiaeth nesaf!

Am naw o'r gloch y bore ar ôl i fi gyrraedd 'nôl o Nepal, ro'n i'n teimlo'n go flinedig gyda *jet-lag* pan ganodd y ffôn. Roedd y person ar ben arall y ffôn yn holi a fyddai'n bosib i Dywysog Cymru ymweld â ni ar y dydd Iau hwnnw. Doedd dim amser i ddod yn ôl i arferion gwaith yn araf bach, felly. Roedd angen glanhau'r tŷ ar ôl i fi fod i ffwrdd am bythefnos, felly hales i Carwyn i weithio gyda'r *hoover* tra 'mod i'n canolbwyntio ar wneud caws cyn rhuthro lawr i'r ganolfan arddio i brynu briallu i'r buarth.

Ar y dydd Mawrth, glaniodd hofrennydd yn y cae er mwyn ein gwirio ni a'r fferm. Fe gawson ni wybod taw ymweliad preifat oedd hwn ac nad oeddwn i ddatgelu'r newyddion wrth neb. Roedd hi'n ddiwrnod niwlog ar y dydd Iau, felly roedd yn amhosib i'r Tywysog ddod yn yr hofrennydd, ac fe gyrhaeddodd mewn car o Abertawe – roedd e rhyw ddwy awr yn hwyr o achos hyn. Ymddiheurodd yn enbyd, ond yn y cyfamser ro'n i wedi bod yn mwynhau siarad â'r parti *advance* yn y lolfa.

Roedd hwyl di-ffws i'w gael yng nghwmni'r Tywysog – roedd e'n gyfeillgar ac yn dangos diddordeb ym mhob peth roedd e'n ei weld. Dyw Caroline ddim yn frenhinwraig mewn unrhyw fodd, a doedd hi ddim wedi ei chyffroi o gwbl ynglŷn ag ymweliad y Tywysog, felly fe ddwedes wrthi am wisgo'i chrys-T 'Free Tibet' ar y diwrnod. Roedd gen i deimlad y byddai'r Tywysog yn gwneud rhyw sylw am y crys-T ac ro'n i'n iawn; dywedodd wrthi ei fod yn cytuno'n llwyr â'i theimladau. Dwi'n credu i Caroline droi ychydig bach yn llai gweriniaethol y diwrnod hwnnw.

Roedd y Tywysog hefyd wedi digwydd ymweld â Nepal ar yr un adeg â fi, felly fuon ni'n rhannu'n hargraffiadau o'r wlad.

Ro'n i wedi golchi a brwsio'r ddau gorgi, Carlo (yn ffodus wnaeth y Tywysog ddim gofyn ei enw) a Poppy, ac wedi eu rhoi i sefyll ar bwys yr iet i'r tŷ fel nad oedd modd i'r Tywysog beidio â'u gweld nhw. Yn anffodus, ei ymateb oedd, 'I do not like Corgis – I have seen too many swarms of them.'

Ar ôl mwynhau paned o de gyda ni (mae'n hoffi mêl nid siwgr yn ei de, rhag ofn bod angen i chi wybod), gofynnodd os oedd rhywle allai olchi ei ddwylo, felly dangosais y stafell 'molchi iddo. Yn anffodus roedd sedd y toiled wedi torri rai wythnosau ynghynt ac ro'n i heb gael un newydd eto. Ro'n i wedi anghofio mai un o ddiddordebau'r Tywysog ar y pryd oedd casglu seddau toiled, o bob peth. Fues i'n hanner

Ymweliad gan y Tywysog Charles – fi, Gwynfor, Carwyn a Caroline

dychmygu cael parsel wrtho wedyn yn cynnwys anrheg o
sedd doiled o'i gasgliad. Parsel ychydig llai anghyffredin
gawson ni ar ôl yr ymweliad mewn gwirionedd, sef bocs pren
llawn cynnyrch ei frand, Highgrove Organic. Pan we'n i'n
clirio ar ôl yr ymweliad, daethon ni o hyd i bapur £20 wedi
ei blygu'n gymen yn un o'r cwpanau te, ond wnaethon ni
fyth ddarganfod pwy oedd wedi ei roi yno.

Wrth i'r Tywysog adael, gofynnodd, 'Now when are
you coming to see me?' Fe ges i sioc achos gofynnodd yn
yr un ffordd ag y mae ffrind yn gofyn. Ond wir, o fewn
rhai wythosau, daeth gwahoddiad yn y post i'r Parti Gardd
Brenhinol unwaith yn rhagor ac fe ofynnodd yn arbennig i
gwrdd â ni yn y Parti. Ro'n ni wrth ein bodd pan ofynnodd i
ni a hoffem ymweld â Highgrove a gofyn i'w gynorthwyydd

wneud y trefniadau. Ar y ffordd, fe stopion ni yn nhref Tetbury, ychydig filltiroedd o'r stad, er mwyn gofyn am gyfarwyddiadau. Ond mae pobl y dref yn gwarchod preifatrwydd y Tywysog i'r eithaf, a'r unig ymateb gawson ni oedd wynebau blanc a dwylo'n chwifio'n amwys mewn rhyw gyfeiriad aneglur. O'r diwedd fe lwyddon ni i berswadio cigydd lleol oedd yn dal Gwarant Frenhinol bod ganddon ni reswm dilys i ofyn sut i gyrraedd.

Enw fferm Highgrove yw Broadfield, ac yno fe gwrddon ni â'r Rheolwr Fferm, Mr David Wilson, ac fe gymerodd amser i'n tywys o gwmpas. Fel y gallech chi ei ddisgwyl, roedd yn esiampl benigamp o fferm organig, ond un oedd yn cael ei rhedeg yn fasnachol hefyd. Ro'n ni eisoes wedi dechrau trawsnewid Glyneithinog i fod yn fferm organig y flwyddyn flaenorol, a chawsom ein calonogi o weld cystal oedd y fferm yma'n edrych heb fod gwrtaith artiffisial, pryfladdwyr a phlaladdwyr wedi cael eu defnyddio yno ers sawl blwyddyn. Cawsom weld y fferm gyfan, gan gynnwys y moch buarth a'r gwartheg pedigri Ayrshire, oedd yn cael eu trin â meddyginiaeth homeopathig pan oedden nhw'n dost. Ar y diwedd, cawsom weld y tir a'r ardd o gwmpas tŷ Highgrove, gan gynnwys y pwll nofio a'r tŷ yn y goeden oedd wedi cael ei adeiladu'n arbennig i'r tywysogion, William a Harry. Ar ôl te moethus yn yr Orchard Room fe ffarwelion ni, ond nid cyn cael clwstr mawr o foron organig ac amryw o ddanteithion eraill. Ro'n ni wrth ein bodd pan ddarllenon ni'n hwyrach fod sôn am ein hymweliad yn adroddiad blynyddol y Ddugaeth.

Yn ystod ein diwrnod yn Highgrove, fe benderfynon ni

rhyngon ni y bydden i'n gwneud caws arbennig i'r Tywysog
fel syrpreis ar gyfer ei ben-blwydd yn hanner cant oed, gan
ddefnyddio llaeth ei fuchod pedigri Ayrshire ef.

Rai diwrnodau wedi hyn, fe logodd Caroline a fi fan,
llwytho fy offer gwneud caws cludadwy ynddo, a theithio
i Highgrove. Gosodwyd y twba caws mor agos â phosib
at y parlwr godro er mwyn inni allu defnyddio'r llaeth
twym o'r da wrth iddyn nhw gael eu godro. Fuon ni 'na am
ddau ddiwrnod, y cyfan yn gyfrinach. Cawson ni lawer o
hwyl. Daeth pob un aelod o'r staff yn eu tro i wylio'r caws
yn cael ei wneud. Gadawson ni'r caws yno i aeddfedu,
gyda chyfarwyddiadau sut i'w storio a gofalu amdano.
Cyflwynwyd y caws i'r Tywysog ar ei ben-blwydd – anrheg
berffaith efallai i Dywysog sydd â phob dim, ac un nad oedd
neb arall wedi meddwl ei roi iddo o'r blaen.

Ymhen ychydig, cefais lythyr swynol wedi ei ysgrifennu
â llaw gan y Tywysog yn diolch i fi am yr anrheg – a hefyd
yn gofyn a fydden i'n fodlon gwneud mwy o gaws iddo er
mwyn iddo allu ei roi i ffrindiau a gwesteion.

Wrth gwrs, roedd hi'n fraint gwneud, a chyn hir fe
drefnwyd fod y tancer llaeth cyntaf yn dod yr holl ffordd o
Highgrove i Lyneithinog. Ro'n i wedi penderfynu y byddai
200 galwyn o laeth yn ddigonol ar gyfer gwneud y caws
Caerffili oedd gyda fi mewn golwg. Ond wrth i'r tancer
ddadlwytho'r llaeth i mewn i'r twba caws, fe welson ei fod
yn codi'n uwch ac uwch, ymhell dros farc y 200 galwyn. Er
mawr rhyddhad, daeth y llaeth i stop ryw fodfedd o dop y
twba – ond ro'n i'n dal yn bryderus, achos do'n i ddim yn
gyfarwydd â phrosesu 500 galwyn o laeth. Fe benderfynon

ni y byddai'n well gwneud caws aeddfed o'r holl laeth oherwydd byddai'n para'n hirach na chaws Caerffili. Cawson ni broblem dod o hyd i ddigon o fowldiau i ddal y caws – roedd angen mwy o glytiau caws a doedd dim digon o *cheese presses* – ond gydag ychydig o jyglo fe lwyddwyd i drefnu pob dim, er ei fod yn ddiwrnod hir.

Wythnos yn ddiweddarach daeth tancer arall, ond diolch byth dim ond 200 galwyn o laeth oedd yn hwn, felly cafodd y cyflenwad hwnnw ei droi'n gaws Caerffili.

Ro'n i'n dal fy anadl tra oedd y caws yn aeddfedu – ro'n i'n dychmygu pob math o bethau'n mynd o'u lle gyda'r llaeth organig, brenhinol, arbennig hwn, ond diolch byth, fe drodd yr holl gaws allan yn dda ac ro'n i'n mwynhau gyrru llwythi lan i Highgrove bob hyn a hyn a'u gadael ar ford y gegin. Ro'n i wedi mynd â llwyth lan un diwrnod, a'r un noson, ro'n i ac aelodau eraill y 'Cheesemakers Association' wedi cael ein gwahodd i dderbynfa nos yno. Mewn araith yn ystod y noson, cyfeiriodd y Tywysog gyda gwên at ein hymweliad cyfrinachol â'i gartref ac mor falch oedd gyda'i anrheg o gaws unigryw. Roedd aelodau eraill y gymdeithas yn llawn syndod achos do'n nhw'n gwybod dim am y peth!

Roedd un canlyniad annisgwyl i'r stori pan ddaeth amser yr arolygiad blynyddol i wirio'n ffigyrau cwota. Fe wnaeth y swyddog oedd yn ein harolygu ffws am nad oedden ni wedi cofnodi'r maidd a gynhyrchwyd wrth wneud caws y Tywysog yn ein ffurflenni swyddogol. Roedd yn rhaid i ni roi gwybod i'r Tywysog am hyn, ac wedyn roedd yn rhaid disgwyl clywed a fydden ni – a'r Tywysog – yn wynebu dirwy am y camymddygiad bychan hwn. Yn ffodus, defnyddiwyd ychydig synnwyr cyffredin a chafodd y mater ei anghofio. Ro'n i'n gallu dychmygu'r penawdau pe bai'r swyddogion cwotas wedi parhau â'r archwiliad – 'Prince Charles fined for illegal disposal of whey'.

Roedd sibrydion flynyddoedd wedyn y gallai'r Tywysog Charles ddod yn gymydog i ni hefyd. Ar ôl ymweliad ganddo ef a Duges Cernyw ag Aberteifi, aeth si ar led ei fod wedi ymweld â Phlasty Lancych, sydd yn y dyffryn islaw Glyneithinog. Roedd y si'n gredadwy oherwydd ro'n i'n gwybod bod y Tywysog yn edrych am gartref yng Nghymru, ac roedd y plasty ar werth. Ond yn y pen draw, dewis Llwynywermod ger Llanymddyfri wnaethon nhw. Mi fyddai wedi bod yn braf cael y cwpl yn gymdogion – ond ry'n ni o hyd yn manteisio ar eu hymweliadau â Chymru gan fod y Tywysog yn dal i fwyta Caws Cenarth!

Un diwrnod ro'n i yn y swyddfa pan ganodd y ffôn ac aeth Carwyn, oedd yn rhedeg y busnes erbyn hyn, i'w ateb. Ro'n i'n gwybod o'r ffordd roedd Carwyn yn ymateb fod gan y person ar ben arall y ffôn ddiddordeb mawr yn ein cynnyrch. Pan ddaeth y drafodaeth i ben, dwedodd Carwyn fod y person wedi cyflwyno'i hun fel cogydd y 'Prince of Wales', ac roedd Carwyn wedi cymryd yn ganiataol mai cogydd mewn tafarn o'r enw'r Prince of Wales oedd e! Dim ond wrth i'r drafodaeth fynd yn ei blaen y sylweddolodd Carwyn mai cogydd Tywysog Cymru oedd yno. Yn ôl pob sôn, mae'r Tywysog yn hoff o gefnogi cynhyrchwyr Cymreig pan fydd e'n aros yn Llwynywermod drwy brynu wrth gyflenwyr lleol – a'r wythnos honno fe brynodd Golden Cenarth a Perl Las o'r siop organig yn Llanbed.

Caroline

Roedd ein plentyn cyntaf, Caroline, yn *free spirit* o'r dechrau un. Y gred gyffredinol yw fod babanod yn ffaelu ffocysu'n glir nac adnabod pobl am fisoedd cyntaf eu bywyd. Ond o fewn diwrnodau, roedd Caroline yn sgrechen nerth ei phen os byddai'n gweld rhywun dieithr yn dod yn agos ati. Yn sicr dyna'r driniaeth gafodd y diweddar Doctor Budd druan, ein meddyg lleol, pan alwodd i'n gweld ni ychydig ddiwrnodau ar ôl iddi gael ei geni.

Am fisoedd lawer, roedd hi'n hynod o swil, ac fe fyddai'n llefain ar unwaith os oedd rhywun newydd yn siarad â hi. Ro'n ni'n gofidio cymaint y byddai hi'n sgrechen drwy'r seremoni bedyddio nes i ni ofyn i'r gweinidog, Y Parchedig Aled Gwyn, ddod i'r tŷ yn hytrach na'i bedyddio o flaen cynulleidfa yng nghapel Pontgarreg. Yn ffodus, fe aeth popeth yn iawn yn y stafell ffrynt a'r teulu'n unig yn bresennol.

Roedd yn rhyddhad mawr pan dyfodd hi allan o'r arfer, ac roedd hi'n fabi diddig iawn wedyn. Wrth iddi dyfu'n hŷn, byddai'n dod i'r parlwr godro gyda ni ac yn eistedd yn hollol fodlon yn ei chadair wthio tan ddiwedd y godro. Ro'n ni'n godro trigain buwch ar y pryd, ac o fewn ychydig roedd Caroline yn gallu enwi pob un. Wrth i Gwynfor orffen godro buwch, byddai'n gofyn i fi edrych i weld a oedd hi wedi gorffen ei bwyd, ac os oedd hi, bydden yn agor yr iet a'i hala hi mas. Roedd crwt ifanc, Martin, yn gweitho i ni ar y pryd, ac wrth iddo fwyta'i de un prynhawn, gofynnodd Caroline iddo a oedd wedi gorffen. Pan ddywedodd ei fod, daeth y gorchymyn wrth Caroline, 'Mas 'te'!

Roedd Caroline yn dwlu ar y da a bydde hi hyd yn oed yn eu dynwared nhw. Daeth y gweinidog i'r tŷ ar ôl y cwrdd un dydd Sul i gael te, a thra oedden ni'n bwyta sylwon ni ei fod wedi mynd yn dawel iawn ac yn syllu'n bryderus ar Caroline. A dyna lle roedd hi'n eistedd yn ddigon hapus ac yn hollol ddigywilydd yn dynwared buwch yn cnoi'i chil. Yn blentyn bach hefyd, byddai hi'n stelcian, heb yn wybod i ni, i lofft fwyd y gwartheg, a helpu'i hunan i gwlffau o gêc. Yn y 1990au, daeth y cysylltiad rhwng bwyd anifeiliaid a BSE i'r amlwg. Gostwng y tymheredd yn ystod y broses o baratoi eu bwyd oedd wedi peri i'r gwartheg ddatblygu'r clefyd o ganlyniad i'w fwyta. Roedd meddwl am y cynhwysion israddol oedd yn y bwyd – gan gynnwys cyrff anifeiliaid a phlu ffowls – ac am y clefyd ei hun, yn codi'r siom a'r cywilydd rhyfedda arna i. Daeth rhywfaint o dawelwch meddwl pan sylweddolais fod y gostyngiad yn safonau paratoi'r bwyd wedi digwydd ymhell wedi i Caroline bennu'r arfer o fwyta cêc, ond fe barhaodd yr euogrwydd am flynyddoedd wedyn 'run fath.

Yn ffodus, er gwaetha ei diet anarferol, mae Caroline yn iach ac yn heini, dros ddeugain mlynedd yn ddiweddarach. Dros y blynyddoedd, mae hi wedi dod yn ymwybodol iawn o'r cysylltiad rhwng diet da ac iechyd, ac mae wedi bod yn ddylanwad mawr arnon ni yn hynny o beth. Ac yn ystod y

Caroline a Carwyn yn tyfu lan

broses o droi'r fferm yn organig yn 1997, fe ddaethon i ddeall mwy fyth am y bwyd r'yn ni'n ei fwyta. Erbyn hyn, mae bron popeth ry'n ni'n ei fwyta gartre'n gyfan-gwbl organig. Mae rhai pobl yn dweud na allan nhw fforddio prynu bwyd organig. Nid dyma'n profiad ni, ac r'yn ni'n gwario llawer llai ar fwyd y dyddiau 'ma nag yr oedden ni flynyddoedd yn ôl. Dyw hysbysebion teledu na deunydd pacio ffansi ddim yn ein denu ni, ac ry'n ni hefyd yn gwneud ymdrech i fwyta bwyd wedi ei gynhyrchu yn y wlad hon a bwyd yn ei dymor. Ry'n ni'n tyfu'n llysiau'n hunain yn ogystal – a does dim byd yn cymharu â blas tato newydd o'r ardd.

Dywediadau a sylwadau doniol sy'n dod i'r cof wrth feddwl am blentyndod eich plant. Roeddwn i'n ffrindiau gyda chwpl oedd wedi symud mewn i'r ardal, Trevor a Valerie Green. Adeiladwr oedd Trevor, ond roedd y ddau hefyd yn arlunwyr, ac roedd stiwdio gelf gyda nhw ger Castellnewydd Emlyn. Gwnaeth Trevor ychydig waith adeiladu i ni, ac fe brynon ni hefyd nifer o gwpanau ac ati o'r stiwdio. Mi fydden nhw'n llofnodi gwaelod y cwpanau: 'T. and V. Green'. Pan oedd Caroline yn dechrau dysgu darllen, gofynnodd i fi ddarllen yr hyn oedd ar waelod y mwg. Ar ôl i fi wneud, ei hymateb oedd, 'O, do'n i ddim yn gwybod 'u bod nhw'n siarad Cymraeg'!

Dro arall, daeth fy mrawd Berry i nôl Caroline i fynd â hi am wyliau i dŷ fy rhieni. Ar y ffordd yno yn y car, fel welson nhw ffermwr barfog yn torri'r clawdd, ac fe ddywedod Caroline, yn ddifrifol a gwybodus iawn, 'Iesu Grist yw hwnna, chi'n gw'bod'.

Roedd hi hefyd yn casáu gwisgo sgidie ac roedd yn

frwydr gyson i'w cadw am ei thraed. Ro'n i'n edrych ar lyfr patrymau yn siop T. P. Hughes yng Nghaerfyrddin un tro pan sylweddolais fod pawb yn syllu arnon ni. Edrychais i lawr a dyna ble we'dd Caroline a'i thraed yn hollol ddu, wedi tynnu ei sgidie a'i sanau i ffwrdd, ac wrth ei bodd yn rhwbio'i thraed noeth 'nôl a mlaen ar hyd y llawr.

Roedd dyddiau ysgol Caroline – yn Ysgol Gynradd Capel Iwan ac yna yn Ysgol Ramadeg Llandysul – yn rhai hapus a diddigwyddiad. Fe wnaeth hi'n dda yn ei harholiadau a mynd ymlaen i astudio ym Mhrifysgol Warwick. Tra roedd hi yn y Brifysgol yn 1986, fe benderfynodd fynd bant i deithio i India am chwe wythnos gyda hen ffrind ysgol, Helen Thomas. Roedd hi wedi gwirioni ar y lle, a'r flwyddyn ganlynol fe ddychwelodd hi am dri mis pellach, gan gwrdd â'r Fam Teresa a'i nyrsus yn gweitho yn Calcutta. Ro'n ni, wrth reswm, yn becso amdani, ac mi fyddai'n ceisio tawelu'n meddyliau trwy ysgrifennu'n gyson – roedd hyn ymhell cyn diwrnodau e-bost a Skype, wrth gwrs; technoleg fodern sydd wedi gwneud y byd yn lle llawer llai.

Fe ddaeth hi'n ôl o India wedyn i orffen ei chwrs yn Warwick a graddio gydag anrhydedd mewn Hanes a Gwleidyddiaeth yn 1988. Ond ro'n i'n gwybod fod awydd arni i weld y byd.

Ro'n i'n gwrando ar raglen radio Hywel Gwynfryn un diwrnod pan glywais i e'n cyfweld Cymraes oedd newydd ddychwelyd o weithio fel *au pair* i deulu Americanaidd. Roedd y teulu wedi bod mor blês â'i gwaith, ro'n nhw wedi gofyn iddi ddod o hyd i ferch arall o Gymru i gymryd ei lle. Fe ddywedais wrth Caroline, ac fe gysylltodd â'r ferch ar

unwaith. Cafodd Caroline sgwrs fer gyda'r teulu yn America
a chael cynnig y swydd. Felly, cyn pen dim roedd hi ar
ei ffordd i Long Island, Efrog Newydd, lle cafodd groeso
gwresog. Ro'n i'n ffaelu credu faint o ffydd oedd gan y teulu
i'w chyflogi heb unrhyw gyfweliad ffurfiol nac ymchwiliad
trylwyr i'w chymeriad a'i chefndir. Ond fe setlodd hi'n glou
a chael ei thrin fel aelod o'r teulu, a hyd yn oed cael ei char ei
hunan.

Yn yr Unol Daleithau roedd Caroline ym mis Awst 1989
pan fu'n rhaid i fi ei ffonio i roi'r newyddion ofnadwy iddi
fod ei ffrind gorau, Helen Thomas, wedi cael ei lladd mewn
damwain gyda cherbyd yr heddlu yn Greenham Common,
lle roedd hi wedi bod yn rhan o Wersyll Heddwch y
Menywod, yn protestio yn erbyn cadw taflegrau Cruise yn
y gwersyll milwrol Americanaidd yno. Dwy ar hugain oed
oedd Helen. Cafwyd ymchwiliad i'w marwolaeth, ond fe

Carwyn a Caroline yr *au pair* yn Efrog Newydd gyda Mary Liz, un o blant y teulu

heriodd teulu Helen y dyfarniad o farwolaeth ddamweiniol, a bwrw ati i geisio am adolygiad barnwrol yn yr Uchel Lys. Fe feirniadwyd y crwner ar sawl mater gan y barnwr oedd yn llywyddu, ond gwrthododd orchymyn cwest newydd.

Roedd hwn yn gyfnod hynod o drist, ac yn dangos i Caroline bod bywyd yn fregus, ac y gall y cyfan newid mewn eiliad. Fe greodd yr holl brofiad argraff ddofn arni ar y pryd a dros y blynyddoedd i ddod, daeth newid i'r ffordd roedd hi'n ymateb i awdurdod, annhegwch ac anghyfiawnderau'r byd.

Ym mis Tachwedd 2011, cynhaliwyd cyngerdd goffa yng Nghastellnewydd Emlyn, lle magwyd Helen, a rhoddwyd mainc o dan gloc y dref er cof am y ferch ifanc a gollodd ei bywyd yn ymladd dros ei hegwyddorion cryf.

Daeth Caroline 'nôl o'r Unol Daleithau wedyn, a gweithio gyda ni yn helpu gwneud caws, ond gynted ag oedd hi wedi ennill digon o arian, roedd hi bant ar ei theithiau unwaith yn rhagor yn 1990, y tro hwn i Ganolbarth America – El Salvador, Honduras, Nicaragua a Guatemala. Yn ystod ei hamser yn Efrog Newydd, roedd hi wedi dechrau dysgu Sbaeneg, ac fe barhaodd i ddysgu yn ystod ei hymweliadau niferus â Chanolbarth America, a daeth yn rhugl yn yr iaith. Fe gofrestrodd hefyd i wneud gwaith gwirfoddol gyda grŵp o'r enw 'Humanitarian America'.

Ar ôl teithio'n helaeth drwy Ganolbarth America, ymunodd Caroline â grŵp o'r enw 'Christians for Peace' o Ogledd America yn 1991, a helpu adeiladu tŷ i gwpl ifanc difreintiedig Mecsicanaidd. Teithiodd wedyn i San Francisco i ennill arian ar gyfer y daith awyren adref. Ei swydd gyntaf yn San Francisco oedd gwerthu crysau-T i dwristiaid yn Canary Wharf, o flaen y carchar drwg-enwog Alcatraz. Chafodd hi ddim llawer o lwc gyda'r gwerthiant, ond fe gwrddodd â phobl o bedwar ban byd. Roedd y mwyafrif yn dod o Ganolbarth America, a phob un yn ceisio ennill ychydig arian i'w anfon adref at eu teuluoedd tlawd. Pan sylweddolodd Caroline nad oedd hi wedi ennill mwy nag $20 y dydd yn gwerthu'r crysau, fe benderfynodd symud ymlaen. Cafodd swydd arall yn casglu arian ar gyfer clinig iechyd rhad ac am ddim, yr Haight Ashbury, gan deithio dros San Francisco a'r Bae yn mynd o ddrws i ddrws yn gofyn am arian gyda chasglwyr eraill. Roedd yn teimlo'n swil wrth ofyn ar y cychwyn, ond fe welodd faint o feddwl oedd gan bobl o'r clinig yma oedd yn rhoi gofal meddygol i'r sawl oedd yn methu fforddio talu amdano, ac roedd y mwyafrif yn fwy na hapus i roi'n hael. Mi fyddai pobl yn rhoi'r hyn allen nhw ei fforddio, hyd yn oed yn yr ardaloedd tlotaf. Ar ôl ychydig fisoedd o hyn, fe gafodd Caroline swydd arall fel *au pair*, y tro hwn gyda theulu cyfoethog â dau o blant ifanc yn un o ardaloedd mwyaf cefnog y ddinas, Montgomery Avenue.

Pan oedd hi'n gwneud gwaith gwirfoddol yn El Salvador, daeth Caroline yn gyfeillgar â dyn ifanc o'r enw Julio, a'i wahodd i Gymru am wyliau. Teithiodd Caroline a finne i Heathrow i gwrdd ag e oddi ar yr awyren, gan amau y byddai'n cael ychydig drafferth cael caniatâd i ddod i mewn i Brydain, ac felly y bu. Cafodd ei gyfweld am amser, ac er ei fod yn pwysleisio'r ffaith mai ymweliad byr oedd gydag e mewn golwg, roedd y swyddogion mewnfudiad yn gwrthod ei gredu. Doedd ein mewnbwn ni ddim yn help chwaith,

Buom yn ymweld hefyd â'r Eglwys Gadeiriol yn San Salvador lle daeth 250,000 o bobl ynghyd ym mis Mawrth 1980 ar gyfer Offeren Requiem yr Archesgob Óscar Romero, oedd wedi cael ei lofruddio. Yn ystod yr angladd, taflwyd nifer o fomiau bychan i'r dorf cyn i ddrylliau danio arnyn nhw hefyd. Bu farw rhyw ddeugain o bobl a chafodd cannoedd eu hanafu. Roedd rhai o'r dorf wedi ceisio ffoi a llechu rhag y bwledi, ac roedd olion y bwledi hyn ar ddrysau solet yr eglwys.

Cyn hir, roedd hi'n amser ymadael ag El Salvador, gwlad brydferth a hynod o ddiddorol, a dychwelyd i Gymru. Fe bederfynon ni greu ffynnon ddymuniadau o flodau i goffáu ein taith i'r wlad – daeth Judith Humphreys o Gymorth Cristnogol i agor y ffynnon yn swyddogol i ni. Roedd Judith yn chwarae rhan Dr Rachel yn *Pobol y Cwm* ar y pryd.

Rai blynyddoedd yn ddiweddarach fe ddychwelodd Caroline i El Salvador i weithio gyda 'Médecins Sans Frontières' (MSF), yr elusen sy'n cynnig cymorth meddygol yn rhai o wledydd tlotaf y byd, ar ôl i ddaeargryn daro'r wlad. Ar gyrion San Salvador oedd y difrod yn bennaf, a chollodd Julio druan ei gartref, ond yn ffodus roedd e i ffwrdd ar y pryd. Ar ôl cyrraedd yno, chwaraeodd Caroline dric arno drwy ei ffonio a gofyn iddo ymuno â hi am goffi – doedd ganddo ddim syniad ei bod hi yn y wlad, ac roedd 'na dawelwch hir wrth iddo geisio gweithio'r peth allan!

Yn y 1990au cynnar, aeth Caroline i Ganolbarth America amryw o weithiau, gan gynnwys un arhosiad o chwe mis, yn gwneud gwaith gwirfoddol mewn labordy diagnostig meddygol yn El Salvador, ac hefyd gyda phrosiect iechyd gwledig yn y mynyddoedd yn Nicaragua.

Rhwng 1993 a 1996 fe welson ni fwy ohoni, achos fe ddechreuodd wneud diploma nyrsio yng Nghymru, yn Ysbyty Gwynedd ac yna yn Ysbyty Gorllewin Cymru, Caerfyrddin. Wedi clywed fy hanesion i am Kathmandu, fe benderfynodd hi a'i phartner, Neil, dreulio tri mis yn teithio o gwmpas India a Nepal ar ôl iddi raddio.

Erbyn hyn roedd Caroline wedi rhoi ei bryd ar weithio i MSF, un o'i hoff elusennau. Er mwyn gwneud hyn fe sylweddolodd fod angen iddi gael mwy o gymwysterau, felly fe wnaeth hi gwrs pellach, chwe mis o hyd, yn y London School of Hygiene and Tropical Medicine.

Yn 2000 gwireddwyd ei breuddwyd, a theithiodd i Golombia gydag MSF i weithio. Roedd yn lle hynod

Caroline yn gweithio gyda Médecins Sans Frontières yn Nigeria yn 2011

beryglus, ac roedd rhaid iddi gadw at drefniannau diogelwch manwl MSF. Doedd dim hawl ganddi deithio i unman heb osgordd. Fe gawson ni ofn ar un achlysur pan glywson ni ar y newyddion fod menyw – heb ei henwi – wedi cael bom wedi'i glymu o gwmpas ei gwddf. Cafodd hi a'r arbenigwr gwaredu bomiau eu lladd yn y broses o geisio'i hachub. Roedd yr oriau'n disgwyl iddyn nhw ryddhau enwau'r ddau yn rhai pryderus ofnadwy i ni gartre.

Roedd Caroline yng nghanol y rhyfeloedd cartref yn El Salvador ac yn Nicaragua, a chafodd rai profiadau dychrynllyd – wnaeth hi ddim sôn amdanyn nhw wrthon ni nes iddi ddod adre'n saff. Un diwrnod roedd hi'n gweithio mewn ysbyty yn Nicaragua pan gafodd un o'r meddygon ei herwgipio a'i arteithio, cyn i'w gorff gael ei daflu i'r stryd, a'r cyfan am ei fod wedi trin un o'r gwrthryfelwyr yn yr ysbyty.

Wedi hynny, fuodd hi 'nôl gartre'n gweithio gyda nifer o gleifion, yn rhoi gofal unigol iddyn nhw. Yna, yn 2010 cafodd alwad ffôn gan MSF unwaith eto, yn gofyn iddi ystyried gweithio iddyn nhw yn Pakistan wedi'r llifogydd ofnadwy yn y wlad honno. Fe neidiodd hi at y cyfle, ac roedd hi bant am ddau fis. Fe welodd hi'r dioddefaint mwyaf enbyd yno. Roedd y lluniau dynnwyd ganddi'n dangos ychydig o'r caledi ro'n nhw'n ei wynebu yn y wlad, a mwyafrif y bobl yn werinwyr tlawd heb ddim tir nac eiddo.

Ym mis Chwefror 2011 fe aeth Caroline i weithio i MSF unwaith yn rhagor, y tro yma'n helpu gyda phrosiect brechiad y frech goch yng ngogledd Nigeria. Welodd hi'r bobl yn gyfeillgar ac yn ddiolchgar am y cymorth. Doedd gan y plant yno ddim teganau, ond ro'n nhw'n ddigon hapus i ddiddanu'u hunain gyda phethe syml fel hen deiar beic. Bydden nhw'n erfyn ar staff MSF am gael y bocsys oedd yn dal y cyfarpar meddygol, ac yn cwympo mas ymysg ei gilydd drostyn nhw, er mwyn eu troi'n gartiau, ynghyd ag olwynion rwber. Mae'r gwrthgyferbyniad rhwng y rhain a'r teganau mae plant yn chwarae gyda nhw yn y wlad hon, wedi eu gwneud o blastig ac yn para ychydig fisoedd, yn amlwg.

Ar hyn o bryd mae Caroline yn gweitho mewn unedau damwain ac argyfwng mewn ysbytai yng Nghaerfyrddin ac Aberystwyth, ond os daw galwad arall gan MSF yn gofyn am help oherwydd argyfwng mewn rhyw fan anghysbell mewn gwlad bell, rwy'n siŵr y bydd hi'n methu gwrthod.

Carwyn

Roedd Carwyn yn blentyn bywiog, yn llawn hwyl a drygioni
ac yn mynd i bob math o helbul, yn hollol wahanol i
Caroline, oedd yn hapus i eistedd a darllen llyfr am oriau.
Mi fydde Carwyn yn codi ofn arnon ni drwy ddringo
waliau uchel a bygwth neidio er mwyn i ni ei ddal. Un dydd,
fe redodd ar draws to'r buarth casglu lle fydden ni'n hel y
da cyn eu godro. Roedd y to Perspex yn fregus, ond er iddo
godi ofn ar y da a'u gwylltio, drwy ryw wyrth wnaeth e
ddim cwympo lawr ar eu pennau.

Roedd ganddo'r ddawn hefyd i godi embaras arnon ni ar
yr adegau mwyaf anffodus. Rwy'n cofio diacon o'r capel lleol

Carwyn gydag un o'i dractorau cyntaf

yn galw'n annisgwyl un dydd pan we'n i wrthi'n gwneud cwrw cartref. Ro'n i yng nghanol tywallt yr hylif i mewn i'r poteli pan weles i'n hymwelydd yn cyrraedd ar y clos. Es i gwato popeth tu ôl i'r soffa'n frysiog cyn mynd i ateb y drws. Ro'n ni'n cael paned o de ychydig funudau'n ddiweddarach, pan glywson ni sŵn sugno uchel, dramatig o'r tu ôl i'r soffa. Roedd coesau Carwyn yn pocro mas, a dyna ble we'dd e'n gorwedd ar y llawr yn yfed y cwrw ewynnog oedd wedi sarnu yn y broses o guddio'r dystiolaeth! Roedd cywilydd ofnadwy arna i. Ond fe ddois i ddeall nad oedd eisiau i fi fod wedi poeni cymaint, achos roedd y diacon hwn yn mwynhau ei ddiod cymaint â ni, os nad mwy.

Mae rhesymeg plant yn gallu bod yn hynod. Mi fydde Carwyn yn rhoi ei wellingtons ar y traed anghywir byth a hefyd, ac yna bob tro yn croesi ei goesau a dweud gyda gwên ddireidus: 'Ma'n nhw'n iawn nawr!'

Fel Caroline, aeth Carwyn i Ysgol Gynradd Capel Iwan, sydd wedi cau erbyn hyn, ac wedyn i Ysgol Gyfun Emlyn lle cafodd ei wneud yn Ddirprwy Brif Swyddog. Yn 1991, aeth i astudio yng ngholeg Harper Adams yn Swydd Amwythig, a graddio mewn Peirianneg Amaethyddol. Ar ôl hyn, fe ddaeth adre i weithio ar y fferm am ddwy flynedd. Doedd ganddo ddim llawer o ddiddordeb yn y busnes caws – y tractorau a'r peiriannau fferm oedd yn ei ddiddori e, ond o leia roedd ei bresenoldeb yn rhyddhau amser Gwynfor ac yn ein galluogi ni i ganolbwyntio ar wneud y caws.

Yn ystod blwyddyn olaf Carwyn yn y coleg, roedd un o'r myfyrwyr hŷn wedi cael ei gyflogi gan gwmni tractorau Case International i weithio fel peiriannydd yn yr hen daleithiau Rwsiaidd ac fe glywodd Carwyn eu bod nhw'n chwilio am bobl eraill i weithio iddyn nhw. Ar ôl hyn fe welson ni hysbyseb am y swyddi yn y *Farmers Weekly*. Fe fuodd Carwyn yn chwarae gyda'r syniad o anfon ei CV atyn nhw, ond am ryw reswm neu'i gilydd wnaeth e ddim ac anghofiodd y cyfan am y peth. Ond ychydig wedyn fe ddaeth ymwelydd i'r siop a phrynu un caws bychan, ac wrth iddo'i roi yn ei boced, fe ddywedodd, 'This little cheese is going all the way to Russia.' Wnes i holi ymhellach, ac er mawr syndod i fi, dywedodd ei fod yn gweithio i Case International. Es i nôl Carwyn i gael siarad ag e. Roedd y dyn yn byw yn Aberporth, ac fe anogodd Carwyn i anfon ei CV at Case. Ymhen dim roedd Carwyn wedi cael cyfweliad, wedi cael swydd fel technegydd ac ar ei ffordd i Uzbekistan. Wrth gwrs, bydden ni'n gweld ei eisiau ar y fferm, ond roedd yn gyfle rhy dda iddo'i golli – cael mynd i deithio a phrofi diwylliant arall, yn ogystal â gweld ffyrdd newydd o amaethu.

Mae Uzbekistan yn wlad fawr, ond tlawd, yng Nghanolbarth Asia. Does neb yn gallu byw ym mhedwar deg y cant o'r wlad yn annrhigiadwy a 48 y cant arall yn addas dim ond at bori geifr, defaid neu gamelod. Mae 'na ryw 120,000 o ffermydd a'r prif gnydau yw cotwm a gwenith. Yr iaith swyddogol yw Uzbek, ond mae'r mwyafrif o bobl hefyd yn siarad Rwsieg. Hinsawdd anial sydd yno; hafau poeth a sych, ond gaeafau caled iawn.

Yn amlwg, we'n ni'n becso sut fyddai Carwyn yn ymdopi – y gwres, yr iaith, yr amodau. Fues i'n ffwsan drosto, yn prynu ffilter dŵr iddo, er enghraifft, fel na fyddai'n gorfod

Carwyn a rhai o'r bobl leol yn Uzbekistan yn 1997

Susanna, a ddaeth yn ferch-yng-nghyfraith i Gwynfor a fi

yfed dŵr heintiedig. Wrth gwrs, prin gafodd y ffilter ei ddefnyddio, achos roedd digon o ddiod cola ar gael, a chafodd honno ei hyfed wrth y galwyn. Mae'n gas 'da fi feddwl amdano nawr, ond rwy'n cofio i fi wnïo fflap o ddeunydd ar ei gap pêl-fas fel na fyddai'n llosgi'i war yn yr haul. Wnaeth Carwyn fyth gyfaddef, ond rwy'n amau'n fawr fod yr eitem honno wedi cael mynd yn syth i'r bin yn Heathrow!

Setlodd Carwyn yn y wlad yn dda. Mi fydde fe'n gweithio am gyfnodau o dri mis ar y tro, ac yn dychwelyd i'r fferm yn llawn storïau am fywyd a diwylliant gwahanol iawn i'n rhai ni. Doedd yr iaith ddim yn rhwystr gan fod Case yn darparu cyfieithydd i bob aelod o'r staff. Cafodd fflat iddo fe'i hun mewn tref o'r enw Andijan, tref â phoblogaeth o ryw 360,000, ac mi fydde'n cael ei gasglu bob bore a'i yrru allan i'r wlad i weithio ar y peiriannau a'r tractorau. Fel amryw o wledydd, mae llawer o lwgrwobrwyo a llygru yn Uzbekistan, ac fe ddaeth Carwyn ar draws cryn dipyn. Pan ddechreuodd weithio yno, byddai'n cael ei stopio gan yr heddlu bob bore. Roedd yn rhaid iddo roi arian iddyn nhw cyn gallu mynd yn ei flaen. Ond fe ddysgodd yn glou sut i ddelio â nhw, ac fe fydde'n dweud wrthyn nhw, 'Os y'ch chi am fara i'w fwyta bob dydd, gwell i chi adael i fi fwrw 'mlaen â 'ngwaith.' Mi fyddai'n cael croeso ar y ffermydd, fodd bynnag, ac ar ôl trwsio'r peiriannau byddai'n mynd drwy'r ddefod o yfed sawl siot o vodka cyn gallu gadael am adref.

Yn ystod y cyfnod hwn fe gwrddodd Carwyn â merch leol o'r enw Susanna, a oedd yn astudio Meddygaeth ar y pryd. Buodd e'n gweithio i Case yn Kiev, Ukraine hefyd, yn 1998.

Ond yn y pen draw, roedd tynfa'r fferm a Dyffryn Teifi yn ormod, ac fe ddaeth 'nôl i weithio ar y fferm ar ddechrau 1999.

Yn y cyfamser, roedd Carwyn a Susanna wedi cadw mewn cysylltiad ac fe'i gwahoddod hi draw i Gymru i gwrdd â ni – ac i bob pwrpas, yma yng Nghymru mae hi wedi bod oddi ar hynny. Fe briodon nhw ym mis Hydref 1999 yng nghapel Pontgarreg. Doedd dim modd i deulu Susanna ddod o Rwsia i'r briodas, felly priodas fach, dawel gawson nhw, gyda'r teulu agos Cymraeg yn unig. Roedd y brecwast yng ngwesty Castell Malgwyn, ac yn canu'r delyn y noson honno oedd merch ifanc iawn, Clare Jones, a aeth i fod yn Delynores Frenhinol, wrth gwrs. Erbyn hyn, mae gan Carwyn a Susanna ddau o blant, Lucas Tomos, sy'n ddeg oed, ac Alisa Eirlys, sy'n bedair blwydd oed. Bydd Susanna'n dychwelyd i Rwsia bob blwyddyn gyda'r plant i weld ei theulu, ac mae Lucas yn siarad tair iaith yn rhugl – Cymraeg, Saesneg a Rwsieg – fel y mae Alisa hefyd.

Wrth ddod adre i ffermio, daeth Carwyn yn fwyfwy ymwybodol o gyfyngiadau ariannol ffermio traddodiadol, ac yn raddol bach fe ddaeth i ddeall potensial y busnes caws. Roedd e ychydig yn anfodlon a doedd e ddim yn rhy frwdfrydig i ddechre – rwy'n cofio nad oedd Susanna'n gallu credu nad oedd e erioed wedi gwneud caws – a doedd e ddim wedi dangos dim ddiddordeb yn y ryseitiau na'r dulliau. Ond wedyn fe ges i syniad. Roedd cyrsiau gwneud caws yn cael eu cynnal yng Ngholeg Reaseheath yn Swydd Gaer ac fe gofrestrais i Carwyn a Susanna ar ddau o'r cyrsiau. O fynychu'r cyrsiau, ro'n i'n gobeitho y bydden

nhw o leia'n cael rhyw fath o ddealltwriaeth o'r broses, ac y byddai'n ennyn ychydig ddiddordeb ynddyn nhw.

Ond roedd canlyniadau gwneud y cwrs ymhell tu hwnt i fy nisgwyliadau i. Daeth Carwyn adre'n llawn brwdfrydedd a syniadau, a gyda help Susanna, o fewn ychydig ddyddie roedd e wedi creu caws Perl Wen, ac ymhen dim wedyn, Perl Las. Roedd y ddau gaws – y naill yn gaws meddal, tebyg i Brie, a'r llall yn gaws glas – yn hollol wahanol i unrhyw gaws arall ro'n i'n ei gynhyrchu, ac yn ogystal doedd dim byd tebyg yn cael ei gynhyrchu yng Nghymru ar y pryd.

Wrth iddo ddatblygu Perl Las, roedd Carwyn yn awyddus i fynd i Ddiwrnod Agored yn fferm Mrs Judy Bell, lle'r oedd hi a'i theulu'n cynhyrchu caws glas Yorkshire Blue, oedd wedi ennill gwobrau lu. Roedd hi'n wythnos hynod o brysur gydag arolygiad gan Waitrose y diwrnod canlynol, ac roedd meddwl am gymryd yr amser i yrru i Swydd Efrog ac yn ôl yn amhosib. Ond roedd yn ddiwrnod pwysig a do'n i ddim am ei golli – felly fe benderfynon ni logi awyren i fynd â fi, Gwynfor, Carwyn a Betty i ogledd Lloegr, gan hedfan o Withybush, Hwlffordd. Roedd hi'n ddiwrnod braf, felly roedd y daith yn un bleserus, ac ro'n ni wedi cyrraedd mewn rhyw awr. Cawsom groeso cynnes, ac roedd Carwyn yn blês â'r hyn roedd e wedi'i ddysgu ar yr ymweliad. Roedd y daith adref yr un mor rhwydd, ac mae'n anodd credu, ond ro'n ni 'nôl mewn pryd i odro'r noson honno. O gofio cariad fy nhad at awyrennau, rwy'n credu bydde fe wedi bod yn falch o 'mhenderfyniad i hedfan.

Dechreuodd Carwyn gynnig syniadau am ffyrdd o ddatblygu Caws Cenarth. Fe sefydlodd system gyfrifiadurol

– we'n i'n ei chael yn anodd i'w meistroli i ddechrau – ond wrth i fy sgiliau wella, des i weld y manteision yn glou. Tan hyn, dim ond un cynorthwyydd, Jennie Hughes, ro'n ni wedi'i chyflogi yn y busnes, ond wrth i werthiant y ddau gaws newydd gynyddu'n gyflym, fe gyflogon ni ddwy fenyw leol arall, Glenys a Konnie, i helpu gyda'r paratoi a'r pacio. Rwy'n falch dweud fod y ddwy gyda ni hyd heddi.

Yn haf 2001, gofynnodd Case i Carwyn eu helpu dros yr haf gan eu bod yn brin o weithwyr medrus, ac aeth i ffwrdd i weithio unwaith yn rhagor, i le o'r enw Tatarstan yng Nghanolbarth Rwsia, ond y tro hwn gadawodd e Susanna gartre i'n helpu ni i wneud caws.

Ond ar ôl hyn fe ddaeth e'n ôl yn barhaol, ac wrth i'r galw am y caws gynyddu roedd hi'n fendith cael pâr arall o ddwylo. Roedd hwn yn gyfnod hapus a sefydlog, yn enwedig gyda genedigaeth ein hŵyr cyntaf, Lucas. Ond roedd sioc i ddod fyddai'n newid pethau am byth.

Un prynhawn ym mis Mehefin 2005, fe gawson ni alwad ffôn gan swyddfa Adran Amaeth y Llywodraeth (Defra) yng Nghaerfyrddin, i'n hysbysu bod un o'r da wedi profi'n bositif am TB. O fewn awr i'r alwad honno, daeth galwad arall gan adran Iechyd yr Amgylchedd i ddweud nad oedd hawl gyda ni i wneud mwy o gaws â llaeth o'n buches ni, ac yn waeth fyth, nad oedd hawl gyda ni i werthu'r caws oedd eisoes wedi cael ei gynhyrchu ac yn aeddfedu'n barod at ei werthu. Roedd hyn yn ergyd ofnadwy. Fe gaewyd y siop ar y fferm ar unwaith a chysyllton ni â'n holl gwsmeriaid masnachol i egluro na fydden ni'n gallu cyflenwi caws iddyn nhw am gyfnod amhenodol. Ro'n i'n gwbl onest ynglŷn â'r rheswm

Diwrnod priodas Carwyn a Susanna

Alisa a Lucas, ein hwyrion

dros hyn, ac yn ddieithriad fe ddiolchodd ein prynwyr inni am fod yn onest, a dweud y bydden nhw'n ailarchebu ar ôl i ni ailddechrau gwneud caws. Aeth chwe wythnos heibio cyn i ni fedru gwneud hynny, ac roedd ein cwsmeriaid yn hynod gefnogol, a sawl un yn dyblu eu harchebion.

Roedden ni'n derbyn penderfyniad Defra heb ddadl, a gwŷs adran Iechyd yr Amgylchedd i roi stop arnon ni'n gwneud mwy o gaws. Ond fe herion ni'r penderfyniad i stopio gwerthu'r caws oedd eisoes wedi ei wneud. Roedd ganddon ni werth tua £15,000 o gaws yn aeddfedu. Fe gawson ni gyfle i apelio yn erbyn y penderfyniad, ac fe es i, Gwynfor a Carwyn i dribiwnlys yng Nghaerfyrddin, lle cawson ni wrandawiad cydymdeimladol. Yn ffodus, ro'n ni wedi cadw cofnodion manwl, ac roedd modd i ni brofi bod y fuwch oedd yn bositif am TB yn sych dros y cyfnod fuon ni'n gwneud y caws oedd yn y storfa, felly doedd dim o'i llaeth hi wedi mynd i mewn i'r caws hwn. Cafodd y cofnodion yma'u hategu gan adroddiad milfeddygol. Gofynnwyd i ni adael y stafell tra oedd ein hachos yn cael ei drafod, ac ar ôl chwarter awr poenus o aros, fe alwyd ni 'nôl mewn i glywed y penderfyniad.

Ro'n ni'n orfoleddus pan glywson ni'n bod wedi ennill ein hapêl, a bod hawl gyda ni i ddosbarthu'r holl gaws oedd yn y storfa. Mi fyddai wedi bod yn golled ariannol enfawr oni bai am hyn.

Yn yr un modd, ro'n ni'n benderfynol na fydden ni'n gorfod wynebu'r fath ofid ac ansicrwydd eto yn y dyfodol. Fe benderfynon ni fod yn rhaid cael newid. Tan hynny, llaeth heb ei basteureiddio ro'n ni'n ei ddefnyddio i wneud y caws. Ond gyda'i gefndir peirianyddol, aeth Carwyn ati i drawsnewid dau danc swmp yn danciau pasteureiddio er mwyn i ni allu defnyddio llaeth wedi'i basteureiddio. I ddechrau, ro'n i'n gofidio y byddai'r newid yn cael effaith negyddol ar flas ac ansawdd y caws, ond yn ffodus doedd dim gwahaniaeth, ac mae'r caws wedi ennill yr un faint o wobrau oddi ar hynny. Mae 'na gostau ychwanegol o wneud caws o laeth wedi'i basteureiddio, ond ar y cyfan ro'n ni'n teimlo mai hwn oedd y penderfyniad masnachol callaf.

Roedd y digwyddiadau hyn wedi gwneud i ni feddwl am ein cynlluniau tymor hir, fodd bynnag, yn enwedig dyfodol y fferm a'r busnes. Roedd amryw o bethau i'w hystyried. Doedd ganddon ni ddim awydd i ail-fyw gofid cael TB o fewn y fuches eto, ac er bod y llaeth wedi'i basteureiddio nawr, roedd anghyfleustra a gwaith ychwanegol yn codi o'r profion diddiwedd ar ein gwartheg i sicrhau eu bod nhw'n cadw o fewn rheolau Defra. Roedd Gwynfor wedi bod yn godro er pan oedd yn blentyn, ac erbyn hyn roedd yn dioddef o wynegon yn ei bengliniau. Roedd e'n joio'r gwaith, ond os oedd e'n mynd i gael y llawdriniaeth oedd ei hangen ar ei bengliniau, fyddai e'n ffaelu godro am wythnosau, os nad misoedd, wedyn. Roedd Carwyn yn dangos ei fod am ddatblygu'r busnes yn ei ffordd ei hun, a bod yn fòs arno fe'i hunan. Ac erbyn hyn, roedd e'r un mor angerddol am Gaws Cenarth ag yr o'n i.

Roedd gweud caws wedi bod yn rhan ganolog o'n bywydau am dros ugain mlynedd, ac ro'n ni'n gwybod na fyddai'n rhwydd rhoi'r gorau iddi. Byddai eisiau cymhelliad go arbennig i 'mherswadio i mai dyma'r amser am newid.

Hyrwyddo Caws Cenarth yn yr Himalaya hyd yn oed

Ro'n i wastad wedi dyheu am gael mynd am drip o gwmpas y byd, ond, wrth gwrs, byddai gwneud hyn wedi cymryd amser ac arian, a doedd e ddim yn bosib tra 'mod i'n rhedeg y busnes. Ai dyma'r sbardun oedd ei angen arna i?

Wedi i ni ystyried pob dim, fe benderfynon ni orffen godro yn 2005. Sylweddolodd Carwyn y byddai'n anodd parhau i odro tra oedd yntau'n cynyddu'r busnes caws, sef yr hyn oedd e'n dymuno'i wneud, ac fe wnaeth drefniadau i brynu llaeth organig lleol i mewn i wneud y caws. Ro'n ni'n ffodus achos fe brynodd teulu lleol, Laurence ac Eira Harries a'u mab Tom, oedd yn ffermio Ffos-y-ficer gerllaw

171

yn Abercych, y fuches odro gyfan oddi wrthon ni, ynghyd
â'r lloi a'r da byw eraill oedd yma. Fe gymeron nhw hefyd
y denantiaeth, gan rentu tir organig Glyneithinog. Felly, fe
lwyddon ni i osgoi gorfod trefnu a chynnal sêl fferm. Aeth
Desmond Griffiths, ein gweithiwr fferm ffyddlon oedd wedi
bod gyda ni ers iddo adael ysgol, hefyd atyn nhw i weithio.

Symudodd Gwynfor a finne i Barc-y-lan, Penrherber,
filltir o Lyneithinog, sy'n ffinio â'r tir. Fe brynon ni'r adeilad
pan briododd Carwyn a Susanna. Hen ysgol a gaewyd yn
y 1960au cynnar yw Parc-y-lan. Bryd hynny roedd Cyngor
Sir Gaerfyrddin wedi hysbysebu'r lle yn y papur lleol, ond
welson ni mo'r hysbyseb, a fuon ni'n difaru wedyn i ni golli
cyfle i brynu adeilad cadarn a sylweddol ei faint mor agos
at y fferm. Cafodd yr adeilad ei brynu gan gymydog i ni,
Arwyn Evans o Gefn Hir, am y pris anhygoel o isel o £300.
Storfa yn unig oedd hi i Arwyn, ac fe werthodd y lle yn 1970
i Mr a Mrs Palumbo am bris mwy realistig. Wrthyn nhw
brynon ni'r lle yn y flwyddyn 2000, a hynny ar adeg pan
oedd prisau uchel yn cael eu gofyn am y fath eiddo.

Roedd angen cryn dipyn o waith i wneud y lle'n
gartref cysurus i'r teulu a threuliodd Carwyn a'r adeiladwr
fisoedd yn ei foderneiddio, ac yno fuodd ef a Susanna'n
byw ar ôl priodi. Ond pan roddon ni'r gorau i'r ffermio
a throsglwyddo'r awenau i Carwyn, fe benderfynon ni
gyfnewid cartrefi. Aeth Carwyn a'r teulu i Lyneithinog er
mwyn bod ar safle'r busnes, ac aethon ni i Barc-y-lan. Roedd
yn broses syndod o hwylus a diffwdan. Mae gan Carwyn a
Susanna rai o'n celfi ni o hyd, ac yn ein tŷ ni mae rhai o'u
celfi nhw.

Mae Gwynfor yn gweld eisiau'r gwartheg a'r godro, ond ar y llaw arall mae ganddo fwy o amser i fwynhau ei ddiddordeb mewn garddio. Mae'n gofalu am ddwy ardd, dau dwnnel plastig a dau dŷ gwydr, sy'n hen ddigon o waith i un person. Wedi dweud hynny, prin yw'r diwrnodau sy'n mynd heibio heb fod galwad yn dod o Lyneithinog a llais yn ymbilio, 'Odi Dad yn fishi?' er mwyn iddo gael mynd i helpu gyda rhyw broblem sy'n gofyn am ei brofiad a'i wybodaeth.

Mae Gwynfor a finne'n dal i ymwneud â Chaws Cenarth, ond mae'r cyfrifoldeb pennaf nawr ar ysgwyddau Carwyn ac ry'n ni'n gallu mwynhau bywyd ychydig mwy hamddenol. Ond rwy'n parhau i fwynhau helpu yn y siop – mae cyfarfod â chwsmeriaid ac ymwelwyr wastad yn bleser – ac i gynnig pâr ychwanegol o ddwylo pan fo angen.

Cafodd Gwynfor ei ben-glin newydd gyntaf mewn llawdriniaeth yn 2007, a'r ail yn 2009, y ddwy yn Ysbyty

Gwenu fel y Mona Lisa o flaen
y Taj Mahal gyda Gwynfor

Bronglais. Mae'r ddwy lawdriniaeth wedi bod yn llwyddiant, diolch byth.

Ar ôl y driniaeth fe gawson ni gyfle o'r diwedd i wireddu'r freuddwyd a gwneud ein taith fawr o amgylch y byd, gan ymweld â nifer fawr o fannau ro'n ni wastad wedi breuddwydio am eu gweld – y Taj Mahal, er enghraifft. Ond mae'r ddelwedd ramantus, eiconig ohonon ni gyda'n gilydd o flaen y deml ychydig yn rhyfedd, achos ro'n i wedi colli tri dant blaen yn ystod y daith ac yn ceisio gwenu fel y Mona Lisa. Wrth gael swper ar y llong fawr we'n ni wedi hwylio arni fel rhan o'r daith, glywais i grensh uchel ac anghyffyrddus a sylweddoli taw sŵn fy nannedd yn torri oedd e. Dreulies i gryn dipyn o'r amser wedyn yn ceisio sicrhau apwyntiad i weld deintydd yn syth ar ôl cyrraedd 'nôl. Y diwrnod canlynol, ro'n i'n dod oddi ar y llong ac yn teithio i Ayres Rock, ac am weddill y daith o gwmpas y byd fues i'n gwenu'n rhyfedd.

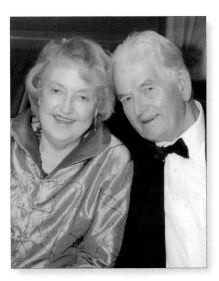

Roedd y daith yn benllanw ar flynyddoedd o waith caled, cynilo gofalus, o wastraffu dim a siopa am fargeinion – rwy'n Gardi go iawn, wedi'r cyfan, ac yn Gardi hyd heddiw – ac fe wnaethon ni fwynhau pob munud o'r daith, er gwaetha'r dannedd.

Gwynfor a fi yn Guernsey adeg ein priodas aur

Diweddglo

Ym mis Tachwedd 2011 fe ddathlon ni hanner can mlynedd
yng Nglyneithinog. Mae'r diwydiant amaeth wedi newid
yn enbyd yn yr amser hyn. Ar y naill law, mae pob math
o beiriannau a theclynnau ar gael i leihau'r llafur ac mae'r
rhain wedi arwain at nifer o welliannau. Ar y llaw arall,
mae pob math o reolau ychwanegol wedi cael eu llunio gan
Ewrop a gan y llywodraeth Brydeinig ac mae'r gwaith papur
a'r ddogfennaeth yn ddi-ben-draw, ac yn ychwanegu at
faich y ffermwr, sydd hefyd yn gorfod ymdopi â phatrymau
tywydd mwy cyfnewidiol.

Chwe mis yn ddiweddarach, ym mis Ebrill 2012, fe
ddathlon ni bum mlynedd ar hugain o Gaws Cenarth. Mae'r
ffaith fod Caws Cenarth yn dal mewn bodolaeth heddiw
yn llwyr ddibynnol ar staff ardderchog, a ffyddlondeb ein
cwsmeriaid. Wrth gwrs, bydd y rhai craff yn eich plith wedi
sylweddoli bod stori Caws Cenarth wedi mynd ymlaen
ugain mlynedd yn hirach na'r bwriad – os cofiwch chi, y
cynllun gwreiddiol oedd gwneud caws am bum mlynedd, a
phum mlynedd yn unig.

A dweud y gwir, fe wnaethon ni edrych ar newid y
drefn yn 1992, bum mlynedd wedi dechrau'r busnes. Fe
ddechreuon ni drafod gydag amryw o sefydliadau, gan
gynnwys ADAS (Agricultural Development Advisory

Yn ogystal, mae'r blynyddoedd wedi bod yn llawn atgofion hapus a digwyddiadau doniol a chofiadwy. Rwy'n cofio'n hwyr un prynhawn, a finne ar fin cau'r siop am bump o'r gloch ac wedi addo y byddwn yn mynd yn syth i Aberteifi i fynd â chaws i siop yno cyn iddyn nhw gau. Ond funudau cyn i fi gau, fe gyrhaeddodd dwy fenyw ar y clos mewn fan. Rhoddais samplau iddyn nhw'n frysiog yn y siop, fe brynon nhw gwpl o bethau ac es ati i gloi drws y siop, casglu'r archeb ar gyfer y cwsmer yn Aberteifi a'i lwytho i'r car a disgwyl i'r ddwy fenyw adael er mwyn i fi allu cloi iet y fferm. Ond roedd ganddyn nhw syniadau gwahanol. Ro'n i'n sefyll yno'n syn pan welais i nhw'n 'mestyn i'r fan a 'nôl tuniau mawr o fwyd ci, eu hagor, a'u gwacáu i mewn i lestri tseini gwyn cyn agor drws cefn y fan, lle roedd pedwar ci *chow chow* mawr yn disgwyl am eu te. Neidiodd y cŵn mas o'r fan fel tasen nhw ar lwgu a bwyta'u bwyd. Gorfod i fi aros yn amyneddgar nes iddyn nhw bennu. Pam roedd yn rhaid iddyn nhw fwydo'r cŵn yn y fan a'r lle ar y clos yn hytrach na mynd i dop y lôn dwi ddim yn gwybod.

Dros y blynyddoedd ry'n ni wedi gweld pob math o gerbydau'n cyrraedd ar y clos hefyd – hen geir *vintage* a chlasurol, beiciau modur, a hyd yn oed hofrennydd. Ond y gorau efallai oedd llynedd, pan geisiodd un ymwelydd gyrraedd yma yn ei awyren *kit*. Ro'n i yn y gegin ym Mharc-y-lan pan ddaeth ein cymydog Robert Davies i'r drws a gofyn i fi ddod allan i weld awyren fach yn cylchu yn yr awyr. 'Mae Mair Babiog lan fan 'na,' dywedodd e. Ro'n i'n meddwl ei fod e'n tynnu fy nghoes, ond fe

dyngodd iddo weld Elfyn, gŵr Mair, ar yr hewl a'i fod
e wedi dweud wrtho bod Mair lan yn yr awyren. Roedd
cnoc wedi dod ar y drws yn fferm Elfyn a Mair ryw filltir
i ffwrdd ac roedd gŵr yno'n gofyn am gyfarwyddiadau i
Gaws Cenarth. Cynigiodd Mair ddangos y ffordd iddo –
ond fe ddywedodd y gŵr nad oedd hi mor syml â hynny
achos roedd e mewn awyren ac roedd e wedi glanio ar
dir Babiog ar ôl ffaelu dod o hyd i Lyneithinog! Er taw
dieithryn llwyr oedd e, heb sôn am y ffaith nad oedd Mair
erioed wedi bod mewn awyren o'r blaen, neidiodd hithau i
mewn i'r awyren a'i gyfeirio i lawr tuag aton ni. Fe laniodd
ar un o'n caeau ni ond, yn anffodus, roedd hi'n mynd yn
hwyr, ac roedd yn rhaid iddo fod 'nôl yn y maes awyr, felly
ffaelodd e alw i brynu caws y diwrnod hwnnw, er gwaetha'i
ymdrech syfrdanol. Ond fe wnaeth e'n siŵr ei fod yn mynd
â Mair yn ôl yn saff i Fabiog cyn hedfan adref. Mae un peth
yn sicr: byddai Nhad wedi bod wrth ei fodd o weld awyren
yn glanio yng Nglyneithinog a'i draddodiad ef yn parhau.

Fuodd y cyfnod diweddar hwn ddim yn rhwydd i gyd
chwaith, am i salwch difrifol ddod i ran Berry, brawd Betty
a fi. Er tristwch i ni i gyd, hunodd Berry yn Hydref 2012,
ac mae'r teulu'n gweld colled fawr ar ei ôl.

Mae rhedeg Caws Cenarth wedi dod â phob math o
gyfleoedd fydden i byth wedi'u dychmygu chwarter canrif
yn ôl, ac ry'n ni wedi cwrdd â phob math o bobl ar hyd
y ffordd ac wedi gwneud ffrindiau da. Mae wedi bod yn
brofiad hudol, a'r daith yn un syndod o rwydd mewn nifer
o ffyrdd – a'r cyfan oll er gwaetha'r ffaith nad oedd gen i
gymwysterau ffurfiol.

Staff Caws Cenarth heddi. Ar y grisiau: Glenys, Mare, Konnie a Dominique. Yn y rhes flaen: Tomek, Steve, Jon, Tom, Derek a Carwyn yn dathlu ennill y brif wobr am y Golden Genarth yn y British Cheese Awards

Aelodau eraill o'r staff: Cai, Renata ac Artur yn llwytho'r fan

Oherwydd hyn, mae'r cyfleoedd i roi rhywbeth 'nôl ac annog eraill i fentro wedi bod yn hynod bwysig i fi. Un o'r prosiectau mwyaf boddhaol i fi ymwneud ag ef oedd Dynamo, cynllun wedi ei sefydlu gan y llywodraeth yng Nghymru lle mae pobl gyffredin o bob cefndir sydd wedi dechrau eu busnes eu hunain yn mynd i mewn i ysgolion uwchradd a cholegau i siarad â disgyblion a myfyrwyr yn y gobaith o'u hysbrydoli a rhoi hyder iddyn nhw fod yn entrepreneuriaid. Roedd y *gurus* busnes eraill yn amrywiol ac yn cynnwys perchennog busnes glanhau a thrin cŵn, ac un arall oedd yn rhedeg busnes crefft ymladd – digwyddais ymweld ag un ysgol ar yr un diwrnod ag e, ac ro'n i'n siŵr i'r plant gael eu hudo gan ei gyflwyniad, oedd yn cynnwys cleddyf disglair tair troedfedd o hyd.

Fe wnes i baratoi cyflwyniad Powerpoint er mwyn cynnwys digon o luniau – profiad hollol newydd i fi – a chyn hir ro'n i'n teithio i ysgolion yn Aberystwyth, Llanymddyfri a dros y lle i gyd. Roedd ymateb y disgyblion wastad yn ddiddorol ac fe ddechreuais fedru gweld y bobl ifanc oedd â rhywbeth arbennig amdanyn nhw, rhywbeth oedd yn gwneud iddyn nhw sefyll allan. Fe gafodd un crwt mewn ysgol yn Sir Gâr argraff fawr arna i ar ddiwedd fy nghyflwyniad, pan ddaeth e ata i, gwthio'i garden fusnes i fy llaw a dweud ei fod wedi dechrau busnes gwerthu llyfrau ail-law ac i roi gwybod iddo os oedd cyhoeddiad yr hoffwn iddo ddod o hyd iddo i fi.

Mae fy mhrofiad dros y blynyddoedd gyda'r busnes, ac o fod yn rhan o brosiectau fel Dynamo, wedi fy arwain i'r casgliad mai cael eu geni mai entrepreneuriaid, nid eu gwneud. Ond rwy yn gobeithio y bydd fy stori i'n ysbrydoli mwy o bobl i fentro. Pan ddechreuon ni ffermio yn 1961, fe gadwais doriad o'r *Western Mail* oedd wedi cael ei ysgrifennu (os dwi'n cofio'n iawn) gan ddyn o'r enw David Llewellyn. Roedd e'n sôn am nifer y bobl oedd yn colli eu busnesau hyd yn oed yr adeg hynny. Rwy'n methu cofio'i union eiriau, ond y neges oedd fod yna gyfleoedd o hyd i'r rhai oedd yn barod i fentro a rhoi eu holl egni i mewn i'r hyn roedden nhw'n ei wneud. Roedd y darn papur hwnnw ar y wal am flynyddoedd, ac fe ddaeth yn fantra i ni. Roedd pethau'n anodd yr adeg hynny, ac mewn nifer o ffyrdd maen nhw'n anoddach fyth nawr, ond mae'r neges yn parhau'r un fath.

Un tro fe ddywedodd ymgynghorydd o'r Bwrdd Marchnata Llaeth wrtha i fod un o'i glientiaid, o sôn amdana i, wedi dweud, 'Os gall *hi* 'i wneud e, gallwn *ni* hefyd.' Rwy'n cyd-fynd â hyn yn llwyr, gall unrhyw un lwyddo, rwy'n brawf o hynny.